国家出版基金项目
NATIONAL PUBLICATION FOUNDATION

总 主 编 ◎ 田 玄

本卷主编 ◎ 李继锋

湘江战役史料文丛 第五卷

广西师范大学出版社
GUANGXI NORMAL UNIVERSITY PRESS

·桂林·

本卷编辑说明

一、关于本卷史料的编排顺序。本卷依照发展过程分为若干阶段，每个阶段拟定一个标题作为一个部分。每一部分史料主要按时间顺序编排，并把重要人物的资料排在前面。

二、关于本卷辑录史料的时间起止。湘江战役作为中国工农红军第一方面军长征中的重要组成部分，为厘清事件缘由及其深远影响，本卷所辑史料做适当的上溯（1934年7月红六军团西征）及下延（1935年1月遵义会议召开）。

三、关于本卷史料的处理。本卷辑录的史料尽量保持史料原貌，在内容上不做改动。个别与主要事件明显无关部分，酌予删节，在标题上注明"（节录）"，在文内用"……"标出。对于史实错误，如时间、人名、地名或史料之间相互矛盾等问题，一般采取页下加注释的方式予以说明。各篇史料的标题原则上不改动，但个别史料为突出事件主题由编者另拟标题的，均在篇末注明。各篇史料均标明来源或出处，置于该篇史料末尾。

四、关于具体编辑规范。本卷使用国家统一颁布的简化字排印。由于来源多样，原有编辑规范不统一，现全部按照一般通行标准重新修订，具体如下：

1.关于数字用法。记数词：一律用汉字。时间数字：本卷表示公历时间的，包括年、月、日、时，均用阿拉伯数字；表示农历的，月份和日期用汉字，年份和钟点用阿拉伯数字；原文采用民国纪年的，除用汉字表述外，以脚注标注公元纪年。部队番号：统一用汉字。"廿""卅"等字不做改动。

2.关于混用字词。字如"底（的、地、得）""他（她、它）""那（哪）""象（像）""分（份）""待（呆）"等，词如计画（计划）""争斗（斗争）""发见（现）""连络（联络）""枪枝（枪支）"等，均按照当时用字，不做修改。

3.关于标点符号。本卷标点符号一律按照现行标准规范使用。对于原资料无标点的，由编者加上。

4.关于文字错衍漏等，审慎校勘。错别字改正用〔 〕标出；漏字填补用［ ］标出；辨认不清的字用□号代替；衍文或多余符号用〈 〉标出。

五、本卷系原国民党中央军及湘桂黔等地方军阀的军政人员对土地革命战争时期围追堵截红六军团先遣长征、中央红军长征进行回顾的文章。这些文章对研究红六军团和中央红军长征具有弥补文献史料不足和扩张历史视阈的重要作用。

需特别说明的是，本卷所收录的文章，除一部分为在台的原国民党军政人员的回忆记述之外，大部分来自留在大陆并经过人民政府长期教育改造，重新回到人民阵营的原国民党军政人员。然而，由于年代久远，加之种种历史原因，在一些回忆中留下了记述不清和回忆不准的遗憾。例如，对于红军转战广西的整个过程，有些回忆记述："红军大队经过广西，并无重大战事发生。"（第139页）"因此在红军通过广西境的整个战役中，没有十分剧烈的战事，双方兵员的死伤都不大。"（第171页）"我一个红军也没见过。"（第173页）……而事实是，红军转战广西遂行湘江战役，国共双方在界首、新圩、觉山等战场均打得异常艰苦，中央红军在湘江沿岸各渡口渡江时的场面也极为惨烈。本卷按照原貌收录各篇文章，望读者注意甄别使用。

本卷目录

国民政府军政人员回忆录

围追堵截红六军团西征

设置四道封锁线追堵中央红军

新桂系对中央红军入桂的部署及追堵

黔军对中央红军离桂后的堵截

围追堵截红六军团西征

第四路军阻截红六军团纪实

⊙李 觉[①]

1934 年 7 月底，湘鄂赣边区红军在萧克将军的指挥下，突然集中于湘赣边的武功山地区，向湘粤边区方向前进。当时何键的第四路军总部并不明了红军的意图，估计红军可能为了集中突击某一点的部队，因此只令各部队加强封锁线，严阵以待。到 8 月初，萧部在湘南的汝城突然出现，对当地胡凤璋的部队予以重惩后，继续向西前进，因此湘南的宜（章）、郴（州）地区告急。第四路军总部当即令第六十二师、第十六师、第六十三师各部迅速向郴、桂（阳）方面集中，以观动静。这时，萧部红军由湘粤边境经宜章、嘉禾、新田、阳明山地区向广西的全州方向前进，蒋介石电令广东、广西、湖南各省部队从事堵截。但各方面都不知红军这一行动的企图，估计可能要在湘粤桂三省边区进行大规模活动，以便牵制三省的兵力，使赣闽边红军主力的决战有利，或在不利时便于突围，以建立新的根据地。而各省都为自己的安全打算，忙于堵截红军，使不致威胁自己省区的腹地。各省虽互相联系，但并不合作。

当湘南阳明、道县地区发现情况时，我奉命率领在邵阳集中的第十九师的部队，经阳明县向宁远、道县方向前进。当到达阳明时，知道红军已进入广西全州附近，继续向西。我们判断有向城步、绥宁地区进出的可能，就由现地改道，往永州的铲子坪向东安前进。这时知道桂系的部队已向全州、龙胜方面前进，阻止红军向南进入广西腹地，但彼此联系不上。

那时，第四路军总部为了保证湖南境内的安全，除令湘南地方团队在新宁、武冈集中堵截，并将长沙警卫旅车运武冈协同地方团队防守外，令第十九师急

---

① 作者当时系国民党"追剿"军第一兵团第六路"追剿"司令兼第十九师师长。

速由黄沙河经东安、新宁，星夜向武冈前进。大约在 8 月中旬，第十九师到达武冈同警卫旅会合。这时红军已经由龙胜入湘到达绥宁境内，绥宁的保安队约一个营已退到长铺子附近待援。第十九师奉令迅速开向长铺子，并跟踪红军的进出路向金屋塘、瓦屋塘之线前进。警卫旅则在第十九师后尾跟进，因这个旅虽成立已有两年，训练和装备都比较好，但从来没有参加过战斗，连长途行军也还是第一次，所以不敢放手使用，只能把它作为预备队。当第十九师到达瓦屋塘时，才发现红军已转向通道县方向前进。除地方团队在红军后尾名为追击、实际是监视送行外，第十九师和警卫旅即由现地向靖县前进，目的在压迫红军离开湖南省境。

9 月 19 日，第十九师到达靖县和通道附近时，接到总部电令，知广西已派廖磊率领桂军四个团向湘、桂、黔边境前进，堵截红军，指定湘军各部队归廖磊统一指挥，协同围攻南行的红军（廖磊原来在湖南第一师任团长时，我当过该团的营长）。湘、桂两省的军队，这时虽是共同对付红军，但各有自己的打算，因此在行动上并不协调，联络也不密切，就不免闹出笑话。记得在中秋节的前后，第十九师在通道附近继续尾追红军时，在离通道不远的一个地方（地名记不起了），我师先头连突然发现情况，因双方都在急进，来不及考虑，便横冲直撞地打起来。等到我们检视对方死者的符号，才发觉是桂军，可是已经互有伤亡，演出了一场哭笑不得的丑剧。

湘桂军会师后，红军已进入贵州，到黎平附近去了。我们仍然不了解红军的目的何在，只估计可能是企图绕到湘西去同那里的红军会师。为了湘桂两省的自保，我们商定继续进入贵州追击红军。广西方面的想法，是要把红军送远一点，免得威胁广西。

我们的想法，就是要阻止这部红军不能到湘西去与贺龙的红二军团会师，以免增加湖南的困难。我们和广西的想法不同，但把这部分红军送得离湘桂两省远一点的目的，却是相同的。当时同廖磊商定：湘军由靖县经会同、晃县、玉屏，向焦溪、镇远前进，以便超越到红军进路的前面，进行堵截，阻止红军向北前进，并压迫其远离湘黔边境地区；桂军则由黎平跟踪在红军的后尾，压迫红军向剑河、镇远方向北进，使不致向南转趋广西方面。我们同时电请贵州省主席王家烈迅速派兵到黄平、凯里一带协同围攻，并请随时告知部队到达位置，以便联络协同，企图由三方面彻底包围红军。

当部队进入贵州后，到处山高路险，行军、宿营、补给都非常困难。那时贵州的部队，多以营为独立作战的单位，主要是因地势险要，大部队施展不开。而我们那时集结了五个团的兵力，在行动上很感迟滞，因此也组织了两个轻装的部队，进行远距离的搜索。到达镇远时，不料红军已绕过镇远，向余庆、石阡方面去了。桂军此时也到了镇远附近，主要是解决补给问题。至于贵州部队，我们按王家烈电报指定的位置去联络，但一直没有联络上。据联络人员报告说，黔军根本没有派出部队。后来才知道贵州的军队是集结在贵阳附近的龙里、贵定一带，以求保住省会的安全。

我同廖磊在镇远见面后，判断当面红军有向湘西红军会合的企图，初步决定湘桂两军应以镇远、石阡之线为基础，阻止其向东与湘西红二军团会合，并尽量将其向西压迫，以迫使贵州部队出来堵截，然后压迫红军于乌江江畔强行决战。于是，桂军以镇远为中心，向北延伸到羊场附近；湘军以石阡为中心，左接羊场，右翼向北延伸至大坝场附近，构成一条纵贯南北的封锁线，然后派出小部队向西搜索红军。

彼时红六军团（当时并不知此番号）经过长途的急行军，部队已很疲乏，需要做必要的休整，因此在石阡、镇远以西的山地中停止未动。这一带山高路险，地势险峻，易守难攻，有许多地方真不愧为"一夫当关，万夫莫开"的所在。同时，我们虽然补给比较方便，但在长途行军之后，也是相当困乏，必须加以整补。而这一地区，军民关系太坏，我们的补给也感困难。当时黔军军纪之坏，在反动军队中可算是名列第一，官兵没有不抽鸦片烟的，真正是每人都有两支枪；"军行所至，鸡犬不留"，每到一地都要大肆抢掠。所以当地人民，只要看见军队，就都逃入高山岩洞中去避难。我们每到一地，都是人烟绝迹，必须由当地县政府派人到处寻找地保人员负责，才能办理补给。这些地保人员，又要从中敲诈，大事贪污，人民畏之如虎。老百姓被迫送来柴米菜蔬，也不敢说一句要钱的话，丢下就跑，因此部队也得不到够量的供应。在这种情况下，自然困难很多，部队行动因此大受影响，终于在石阡、镇远之线停止下来，就地封锁红军，不使［其］向东发展，防止红二、六军团会师。

就这样，我们停止在石阡、镇远之线，相持了约七八天。后来在9月底的一个夜晚，红军由当地一个老猎人做向导，由石阡以南约四十里处（地名记不起了）的警卫旅正面，乘雨夜阴暗，沿着一条不通人迹的谷涧水沟安全通过了封锁线。我们在第二天拂晓，才知道红军已经过去，起码已离封锁线有二三十里之远。当时除派部队跟踪搜索、实际是送行外，我们的主力部队也只好在扑空之后开始集结。

这时，红六军团既已突围向湘西而去，桂军认为他们的任务已告一段落，准备向广西回防，要我直接向第四路军总部请示今后的行动。但王家烈则一再电约要在石阡集会，商讨今后湘黔两省如何联合对付红军的问题。因此，廖磊也暂时留下，等到第三天王家烈才从余庆来到石阡。经三方面初步交换意见的结果，我们知道黔军内部复杂，王家烈本身也不能统一指挥黔军，即使做出决定，仍是空谈，反正他说的仍不能算数。大家就这样敷衍了两天，并无结果。我们就决定各取捷径回防。王家烈因地方善后尚待处理，决定在石阡再留几天。

当我们在石阡会谈决定回防时，谁知在当天的夜间就接到何键的特急电，命令第四路军入黔部队星夜兼程回省。何键在电报中，命警备旅兼程开到沅陵后，即车运长沙警备省垣；令第十九师全部迅速到祁阳、永州地区集中待命。何在电令中并未说明集中原因，我们猜想一定是出了重大问题。但由石阡到祁阳，最快也得要半个月时间，为了执行命令，只好尽可能兼程前进。我们赶到芷江时，闻知闽赣边区中央红军主力已经集中，准备突围北上抗日。这时，我们才明白前时红六军团之突然向西行动，是替中央红军主力北上侦察湘粤桂黔各省情况的先遣队。

大约在1934年10月下旬，我个人先行到邵阳参加总部召开的紧急会议。这时进一步知道中央红军主力离开瑞金后，已向湘粤边方向前进。为了使红军不致扩大在湘境的范围，我们打算利用湘江地障，在耒阳、永兴间及衡阳、祁阳、零陵间构筑几道防线。当时决定：以第十五师在耒阳、永兴之线，第六十二师、第六十三师在衡阳、祁阳、零陵之线，筑成碉堡线沿河固守，所有当地团队统由附近各师指挥参加防守。第十九师、第十六师到零陵集中待命。这时，第四路军总部已奉令改为"追剿"总部，率第十九师之第一〇七团即日进驻衡阳指挥作战。

那时，国民党湖南省政府和军队都极度紧张，因湖南有过长沙失守的经历。几年来红军在江西多次反"围剿"中，把国民党军队打得狼狈不堪，歼灭何止三数十万；尤其像董振堂率部起义参加红军的事实，对军心震动最大。因之当时湘粤桂三省的地方部队，都对堵截红军心存畏惧。

湘军那时在本省行动，收容补给都比较方便，故在急行军中还能保持一定的员额。尽管如此，但看到蒋介石的中央军那种情况，我们对堵截红军，是谁也没有信心的。湖南方面的想法，只是如何能使红军迅速通过，不要在湖南省境内停留下来，就是万幸。所以士气不高，行动缓慢。当我率领第十九师到达永州时，中央红军已通过广西全州向湘黔边境前进。原来指定沿湘江设防的各部队，也才到达指定地点，尚未开始构筑工事。这时，由薛岳、周浑元所指挥的几个跟追纵队的先头部队，已通过我们集中的地点，在红军后尾紧追。因而湖南方面可说是松了一口气，就开始把各师在衡阳、郴州、宝庆一带分别集中，稍事修整；同时派出一部分部队，帮助汝城、宜章、临武、道县、永明一带的地方团队，对红军经过的地区做所谓"清扫战场"的工作。这时，第四路军总部认为红军已入黔境，并已有蒋介石的中央军跟踪尾追，湖南省内的"追剿"任务已告一段落，但在湘鄂赣边、湘赣边、湘粤边及湘鄂川黔边境地区，遗留的红军部队还不少，所以希望及早解除追堵任务，以便从事湖南省内的"清乡"工作。后得蒋介石指示：已由陈诚组织宜昌行辕，统一指挥湘鄂川黔各省部队及一部分中央部队对湘西红军（此时红二、六军团会师，组成红二、六军团指挥部）进行围攻，命令第四路军所部归陈诚指挥，执行对湘西红军的围攻任务。

（选自中国人民政治协商会议全国委员会文史资料委员会编：《围追堵截红军长征亲历记》上册，中国文史出版社 1991 年版。原标题为"何键部阻截红军纪实"，现标题为选入时本书编者所拟）

第十五师第四十三旅被红六军团歼灭于永新澧田

⊙陆承裕[1]

1933 年蒋介石为发动第五次"围剿"，以湖南省政府主席兼第四路军总指挥何键为湘鄂赣闽粤五省"剿共"军西路军总司令。何键命令所属第二十八军军长刘建绪为西路军第一纵队司令，指挥第十五师师长王东原率三个旅六个团进驻酃县、宁冈一带；第十六师师长彭位仁〔率〕三个旅驻茶陵一带；第六十三师师长陈光中率两个旅（缺陈子贤旅）推进莲花。还有几个地方团队。刘建绪的纵队司令部初驻茶陵，后来进驻莲花。各部队执行蒋介石的碉堡政策逐步推进，企图包围歼灭湘赣边区萧克将军的红六军团。1934 年 4 月刘建绪命令第十五师向永新进击，在澧田附近遭到红六军团伏击，侯鹏飞旅被歼。7 月底[2]红六军团突破封锁线向湘南黔西与贺龙将军的红二军团会师。第十五师奉令尾追。我当时是刘建绪司令部参谋处作战科上尉参谋，曾一度派驻第十五师联络。兹将在这段时期中的亲身经历和见闻事实概述如下，时隔数十年，记忆错讹，遗漏之处，尚祈指正！

澧田战役经过概要

1934 年 4 月中旬，刘建绪得知红六军团主力在永新集结，企图不明，遂令第十五师师长王东原率部向永新进击。王东原除留第四十五旅之韩亮宇团固守砻市外，以侯鹏飞的第四十三旅为前卫，以张毂中的第四十四旅及师部直属队为本队，汪之斌的第四十五旅（缺第九十团）为后卫，由砻市沿三湾、澧田

---

① 作者当时系西路军第一纵队司令部参谋处作战科上尉参谋。
② 红六军团西征是于 1934 年 8 月初出发，并非 7 月底。

向永新前进。当日天气晴和，出发前王东原将部队集结于砻市河滩上，做了约一小时多的训话，大意是："我们第十五师是第四路军何总指挥的基本部队，也是最精锐的部队，在宁冈、毛坪、茨坪都打过几次漂亮仗。这次向永新进军，希望团结一心，做到所向披靡，务获全胜。"言下颇有轻敌骄傲之气。9时后，第四十三旅的前卫团（第八十五团）才开始出发，以一路纵队在山地鹅卵石小道上缓慢行进，加以师部辎重行李都是拉的民夫夹杂在其中，队伍时停时走，后尾部队延至中午才开始行动。

前卫团通过三湾后与红军小部队遭遇。红军且战且退。旅长侯鹏飞急功轻敌，策马赶往先头团，督促部队，跟踪急进，捕捉战机。进至澧田附近，突然油菜田及村庄中枪声四起，红军跃起以刺刀、红缨枪、马刀发起冲锋，把前卫营和第八十五团本队分割包围，部队未及展开就混乱了。重机枪、迫击炮尚未占领阵地即被红军抢夺了。旅长侯鹏飞和第八十五团徐本桢团长在慌乱中不知所措，当了俘虏。第八十六团团长徐洞督部驰援，该团第一营刚进入伏击圈亦被缴械。徐洞勒马逃回，其余两个营亦不战溃退。此时师长王东原听到前卫旅打响了，急令师直属部队停止前进，让开道路给第四十四旅迅速前进，已来不及了。旅长张毂中急令第八十七团团长萧学文占领掩护阵地，使第八十六团溃散部队得以收容，红军亦未追赶。当前方失利时师部及直属部队和辎重等一片惊慌混乱，王东原要第四十五旅旅长汪之斌将后卫改为前卫，立即向砻市撤回，后撤途中风声鹤唳，成为惊弓之鸟。各部队回到砻市后，据守碉堡工事，唯恐红军围攻。是役全歼第四十三旅旅部、第八十五团整团及第八十六团一个营，全部人马武器及有线和无线电器材等，给红六军团一次很好的补充。战后，第八十六团团长徐洞撤职，王东原记过处分。

这一战役给何键和刘建绪在战略上以巨大打击，全军震骇，西路军全局先〔失〕去了机动能力，陷于被动固守，加深了各部队对红军畏惧胆怯的心理状态。第十五师更是士气沮丧，龟缩于砻市碉堡中，再不敢越雷池一步，这在以后红六军团西征途中第十五师的跟追行动中充分表露了。

第十五师对红六军团西征的尾追

7月底，红六军团突围西征，事出意外，第十五师仓促奉命衔尾追击，立即轻装由砻市出发，爬过黄洋界经桂东、资兴、桂阳、新田、嘉禾、道县到达贡〔黄〕沙河与桂系部队会师，第十五师才奉命撤回郴州休整。在追击过程中，不是衔尾追击而是尾随送行。红军以日行八十至一百里的速度，第十五师则是日行六七十里的速度与红军保持一日或两日的距离，从未有枪声接触。有一天早晨，在新田附近算得是与红军居尾部队的最近距离，红军居尾掩护部队将一座木桥烧掉，使尾追部队渡河困难。第十五师在中午到达时仍看到烟火，王东原唯恐"衔尾"，就令部队停止前进而宿营了。上报则是"红军一触即溃"。由于国民党军歪曲宣传红军"公妻共产""烧杀抢劫"，老百姓不明真相。加以国民党军队军纪败坏，抓夫、要粮，沿途老百姓既怕红军，更怕国民党军，逃避一空。军队不但给养困难，连饮水也不易找到。时值盛夏酷暑，沿途病逃落伍者甚多。当时部队行动如此迟缓之另一原因，是湖南省政府主席何键唯恐红六军团在湖南建立新根据地，希望红军迅速过境他去，不愿所属部队衔尾追击，迟滞了红军的行动。又为保存实力，怕在追击中遭受红军反击招致损失。再则王东原向以虚伪、狡诈、圆滑著称，善于逢迎上级意旨，所以他以安徽籍人能在湘军中很快爬到师长地位，是不容易的。澧田战役侯旅被歼，王东原非常沮丧和恐惧撤职，因此，在跟追中保持一定的距离，既不会受损失，又不会受到指责或处分。同时王东原与陈诚是保定军校第八期的同学。陈诚早有分化瓦解湘军的阴谋。王东原抓住机会，暗中与陈诚拉上关系。受陈庇护，所以王东原后来在第四路军解体后，得以青云直上。

在追击中刘建绪纵队的行动

红六军团进入湖南后，湖南震动，湘南仅有胡凤章、欧冠等几个保安团队。湘西原有陈渠珍的新编第三十四师和几个保安团队，自顾不暇。第十九师（附第六十三师的陈子贤旅），原系湖南留守部队，分布在衡阳、长沙、岳阳及湘东北的广大地区，维护水陆交通，进行"清剿"，绥靖地方。红六军团乘虚直入湘南，所向披靡，地方团队望风逃避，如入无人之境。何键的西路军总司令部立即从萍乡撤回长沙，刘建绪的纵队司令部迅速从莲花移到衡阳指挥对红六军团的追击堵截（此时我已从第十五师调回纵队司令部作战科），第四路军入赣各师纷纷撤回湖南境内，计有第二十八军所属的第十五、第十六、第十九三个师，陶广的第六十二师的三个旅，陈光中的第六十三师两个旅（缺陈子贤旅，已配属第十九师），胡达的长沙警备旅，何平的补充总队四个团，以及湖南的地方团队，可以说倾巢出动，极度紧张。刘建绪还奉命指挥中央派到湖南来的第十六军军长李韫珩的第五十三师，第二十七军军长李云杰的第二十三师，（这两个军都只一个师，军长兼师长）还有罗霖的第七十七师，这三个师虽都统称为湘军，但不属何键的第四路军系统，同是被蒋介石所歧视的杂牌部队，都对蒋介石有编并消灭的戒心，但他们也对何键统治湖南有嫉忌，勾心斗角，同床异梦，并不是团结一致，指挥上也不是唯命是从的。例如李韫珩资历比刘建绪老得多（是刘建绪在保定军校的老师），所以刘建绪对他们下达作战命令和电令时，总是尊称"李军长抱公"（李韫珩的别号），对李云杰则称"李军长俊三兄"（李云杰的别号），电文中都常用"请贵军"之类的委婉词语，不是用"命令"或"仰即遵照不得违误"的指示语词。由此可见，当时军事行动不一致的因素是多方面的。

蒋介石当时对红六军团是否会在湘南开辟新根据地或向湘鄂川黔边境有与红二军团合师的企图，并未判明。所以令何键的湘军倾巢出动，全力以赴，是有将红六军团压向广西的意图。桂军唯恐红军进入广西，派廖磊师等在湘桂边境布防阻击。红军渡过湘江后，其后尾部队受到李云杰与陈光中两个师的夹击。红六军团主力已进入广西龙胜，又受到桂系军队的阻止。乃再进入湖南绥宁境内，湘军第十九师附第六十三师的陈子贤旅、胡达的长沙警备旅兼程向绥宁迎击。红军已迅速进入贵州黎平，巧妙地避开了湘桂两军的追堵、截击，虽有几次战斗，并未受到重大损失，而国民党各师却层层夸大战报，骗取了蒋介石对何键的两次通令嘉奖。

红六军团进入贵州后，甩掉湘军的追击，避开了桂军的截击，向镇远、黄平急进。贵州省政府主席王家烈的黔军是最糟糕的，纪律最差，又最无战斗力的军队，在黄平布防阻击，红六军团却由黄平突然北进，至此，对红二、红六军团会师的目的才渐次判明了。红军最后终于在龙山、西阳①、秀山之间地区会师了。

刘建绪的纵队司令部率补充总队何干的欧阳烈、谭有余两团，先是由衡阳

---

① 西阳，应为"酉阳"。

经邵阳、武冈、会同，逐步推进至靖县、玉屏。11 月 [1]，中央红军主力开始突围西进，湖南空虚，第十五师在耒阳、永新布防。何键遂将第四路军各师迅速撤回衡阳、祁阳、零陵一带筑碉防守。此时蒋介石将何键改为"追剿"总司令。总部在衡阳指挥。刘建绪仍指挥入黔部队防止红二、六军团与中央红军主力相策应。刘建绪司令部由玉屏经鲇鱼堡、省溪进至铜仁指挥。12 月，陈诚就任宜昌行辕参谋长代行主任职权，命令第四路军将第十五师调常德、澧县，第十六师调永顺，第十九师附第六十三师的陈子贤旅驻溪口、大庸、鸡公垭、石田溪之线。第六十二师进驻龙山，第三十四师陈渠珍部及湘西的地方团队仍驻永顺、花垣一带。这样部署凭沅水形成对红二、六军团的月形包围，以保湘西安全。刘建绪的纵队司令部由铜仁经麻阳、辰溪进驻沅陵指挥。几个月中各部队已疲于奔命。

　　1935 年 6 月，蒋介石任命刘建绪接替何键的第四路军总指挥职务。第六十二师师长陶广递升第二十八军军长职务，该师旅长钟光仁递升师长，其他各部队及总指挥部、军部人事也做了部分升进和调整，至此，何键对第四路军的控制权已被解除而专任湖南省政府主席了。

　　（选自中国人民政治协商会议全国委员会文史资料委员会：《"围剿"边区革命根据地亲历记》上册，中国文史出版社 2018 年版。原标题为"红六军团在永新澧田歼灭第十五师第四十三旅及西征回忆"，现标题为选入时本书编者所拟）

---

[1]　中央红军主力从江西突围西进的时间是在 1934 年 10 月上旬，并非 11 月。

在湘、桂、黔边境堵截红六军团

⊙杨吉煊[①]

　　1934年，我在第四集团军总司令部任参谋，负责情报业务。李宗仁长驻广州，广西军政大计，由白崇禧全权负责。大概于是年8月下旬，蒋介石有电报给李宗仁、白崇禧，大意是：据报红军约万人向赣南移动，先头部队已到湘境之桂东附近地区，其企图不明，似有继续西进之模样。请贵部派出得力部队部署于湘、桂边境，严密布防，配合友军堵截，一举将该敌围歼于湘南地区，则功在党国；并盼与芸樵（何键）兄共商"围剿"计划，随时将情况电报等语。白崇禧接到蒋介石的电报后，即召集省主席黄旭初、第十五军军长夏威和总部各高级幕僚开会商讨。事后据参谋长黎行恕、军务处［处］长陆西川（是我贵州同乡）透露说，副总座（白崇禧）对此问题看得不怎么严重，认为万把红军不足为患，但也不能不防，惟恐这部分红军被中央军压迫而窜入广西，蒋介石藉追击为名派中央军进入桂境，那就麻烦了，所以不得不派部队前往湘、桂边境布防。只要红军不进入广西，则万事大吉。当时白崇禧判断这部分红军的企图：（1）到湘西与红二军团贺龙部会合，在湘、鄂、川、黔边区扩展游击根据地；（2）到黔东建立新游击地区，与贺龙部形成犄角之势；（3）进入桂东北建立游击根据地。这三种判断，第一种可能性最大，第二种可能性次之，第三种可能性最小。于是白就决定派廖磊的第七军开赴桂北布防，同时电复蒋介石遵命办理。当然新桂系也是反共的，但防蒋是他们的首要任务，时刻提心吊胆怕蒋介石吃掉他们。

　　9月下旬，白召廖磊到南宁面授机宜，廖磊素来是个好大喜功的人，白将

---

① 作者当时系国民党第四集团军总司令部参谋。

各方的情况分析以后，严肃地告诫廖磊：这次派［第］七军到桂北布防，只要红军不侵入广西，就算是廖完成了任务，对红军不能堵截，只能侧击尾追；我们现在只有十八个团的兵力，蒋介石指挥百万之众，在江西四次"围剿"，都是以损兵折将失败而告终，我们应该自己量力，保存实力这是首要，无论红军还是友军要侵入广西，我们则不惜一切坚决予以阻击。第七军开赴桂北后，其布防东起龙虎关亘灌阳至文市之线择要防守，并派小部队占领清水关、永安关、雷公关等要点。

9月中旬萧克将军所率领的红军已迫近道州，第十九师第五十五团配备吕汉一个营于清水关，稍与红军接触，就向后撤退，在文市附近第十九师的小部队也与红军有小接触，红军主力经文市、石塘在界首与咸水之间的凤凰嘴、麻子渡徒涉渡过湘江。湘江西岸配备陈与参一个营和少数民团，陈见红军徒涉过河，他便也向后逃走了。所以红军安全渡过了湘江西岸，向资源方向继续西进。白崇禧电报蒋介石说，防线过长，兵力单薄，致使敌乘机突过湘江，并命令第七军廖磊率部跟踪追击，期在湘、黔边境配合友军将该敌歼灭。但蒋介石心中有数，也没有电复。这已是9月下旬的时间。这次白崇禧派第七军对红军跟踪追击，与其说是追击，毋宁说是送行，他对蒋介石是讲诓话，他的意图不是想歼灭红军，事实上也不可能。实际上他是为了王家烈的关系。因为粤、桂、黔三省早已签订军事协议，如蒋介石对其中任何一省用兵，都要互相援助，结成了反蒋集团。这个协定早为蒋介石侦悉，所以蒋对王家烈早已不满。同时，白也知道王家烈的第廿五军战斗力不强，是对付不了这部红军的，如红军占据黔东，蒋介石必然要派中央军入黔，这对王家烈来说很不利；而白派第七军跟红军后进入贵州，是支援王家烈，只要把红军逐出黔境，就达到了白崇禧的愿望。

红军渡过湘江后，经资源过龙胜入湖南通道到贵州黎平，继续经锦屏而到石阡一带。第七军跟着红军行军路线，与红军后卫部队保持一日以上行程的距离亦到达镇远、石阡一带，与红军仅有几次小接触。王家烈也派他的前敌总指挥王天锡（北伐时被蒋介石枪毙的第十军军长王天培的胞弟）率二十五军一部也到达石阡附近，湖南何键部的李觉师也到达镇远，王家烈亲到石阡与廖磊、李觉等共商对红军的作战计划。就在这个时间前后，红六军团与贺龙将军的红二军团在印江会师后，即向湘西和川东之酉阳、龙潭方向退去。红军既退出黔境，已达到了白崇禧的愿望。同时桂北的防务兵力单薄，白遂令廖磊率部回桂，集中桂林待命。这次萧克将军的红六军团经过湘、桂边境时，第七军派吕汉一个营部署于清水关、陈与参一个营布防于湘江西岸，他们一与红军接触即向后撤，事后有人说陈与参等怕死，实际情况并不是这样。后来陈与参（贵州荔波人，我的同乡）和我谈到这次红军过境时说，都是秉承副总座（白崇禧）的指示，对红军不堵截，保存实力，所以他这个营在湘江西岸见红军徒涉渡江，他就下令撤退了。

〔节选自《从追堵红军长征经湘、桂黔边境看蒋桂矛盾》，载中国人民政治协商会议广西壮族自治区委员会文史和学习委员会编：《新桂系纪实续编》（二），广西人民出版社2005年版。本文标题为选入时本书编者所拟〕

对红六军团追击战

⊙覃 琦[①]

在 1934 年 10 月间[②]一个晚上，驻柳州第二十四师师长覃连芳，召集各团团长及参谋人员开紧急军事会议。会上覃宣称："红军萧克部队约万余人，由江西向湖南江华、永明一带前进，有侵犯广西边境模样，我第十九师及地方团队在龙虎关、清水关、黄沙河之线警戒，本师明日开始行动，第七十团先用汽车输送到平乐待命，师部率第七十一团陈营及第七十二团，都用汽车运输，限三天内到达桂林集中，第七十一团（欠陈营）担任柳州警备任务，师部参谋长廖庆祥、参谋处主任甘如斌留守柳州，前方指挥所参谋事务由参谋覃琦负责。"会议完毕，星夜下达命令，各部都遵照指示行动。指挥所人员第三天乘车到桂林，即晚接军长廖磊的命令，大意是："萧克部队已突入清水关警戒线，向文市急进中，第十九师正从后追击，第七十团乘车迅速经桂林到唐家司（今塘市）占领阵地，向界首方向搜索警戒，师［部］率其余部队并指挥独立团到兴安集结。"本师遵令行动，次日中午，都赶到兴安及唐家司地区配合警戒。当日黄昏时，在界首西北松林内，已发现红军便衣队出没。第二天拂晓，萧克主力到达界首，将我搜索队驱逐后，即越过公路（桂全公路）占领鲁塘。覃连芳闻报，命第七十团向鲁塘红军攻击，并派陈营向界首搜索，担任第七十团右翼之掩护，师部率第七十二团及独立团向唐家司推进，准备会同第十九师夹击红军于鲁塘地区。当第七十团向鲁塘攻击前进时，红军正在鲁塘晚餐，闻我军到来，即以一部在西南端高地占领阵地，拒止我军前进，其主力部队都向大埠头（今属资

---

① 作者当时系国民党第四集团军第七军第二十四师参谋。
② 10 月间，应为"9 月间"。红六军团西征过广西是在 1934 年 9 月。

源）方向退走。廖磊率第十九师赶到，见红军走脱，认为第七十团进攻不力，将该团团长汪玉珊撤职，派该团第二营营长李瑞金代理团长。为防止红军向三江或长安方面侵入，命覃连芳率领第七十二团（团长程树芬）、独立团（团长谢鼎新，此时，由谭光球代理）及陈营向龙胜方向截击，廖磊率领第七十团、第五十七团（团长张光玮）向大埠头方向追击前进。萧克部队行动迅速敏捷，廖追至大埠头，红军已转入湘西向通道县退去，廖扑了空未能追上。覃连芳率队由龙胜取捷径，直奔通道县截击。到达时，红军已通过该县城一天，又转向黔东剑河方面前进，覃师又扑了空。当时，湘军（何键的部队）成铁侠旅，驻防武冈县城，探知红军侵入通道县，由武冈前来堵截。次日拂晓，该旅行抵通道县东端隘口，因雾很大，看不清人，成铁侠旅尖兵排与我陈营排哨发生误会，互相开枪射击，该旅前卫营与陈营在隘口东西高地展开战斗。覃连芳闻枪声，即令第七十二团先以一营占领南端两个制高点，其余部队都到南端空旷地集结，并叫我亲到陈营察明情况。我匹马奔到前面会见该营营长陈与参，我问："前面情况如何？"他答："红军大部队向我进攻。"我说："这是通武冈的大路，据谍报人员昨晚汇报，红军已向西北退入黔境，武冈现有湘军成铁侠旅驻防，为什么这条路有红军？莫非同友军误会，必须问明。"陈与参听了即叫司号军士吹联络号音，连吹三遍，对方回答号音符合，证实是友军，彼此停止射击，互派军官联络，成铁侠亲来向覃连芳道歉，一场误会战斗结束，各轻伤士兵数名。中午，覃师集队向黔东追击前进。入夜在梁上①宿营，接军长廖磊电报，知他率队在我师左侧向黄平、镇远方向堵截。次日覃师继续追踪。我们跟踪追了四五天，离剑河约半天路程，赶上红军殿后部队。红军百余人，占领进路一个山坳，凭险拒止我部前进，掩护其主力部队渡河。山坳两侧都是悬崖绝壁，不易攀登，第七十二团（前卫）用迫击炮轰击坳口，掩护攻击部队由正面逼近，红军退走，我追至剑河渡口，红军已完全渡过剑河，并将船只破坏。剑河水势甚急，不能徒涉，我们就［在］南岸露营，派小部队在上游搜得民船数只。次日中午，我部队渡河完毕，探知红军由黄平、镇远间越过公路，向大地方（地名）方向前进，廖磊率截击部队在红军通过两天后，始到达镇远。覃师进抵黄平，廖磊同覃连芳通了电话，交换情报。廖命覃率所部经施秉、余庆向大、小

---

① 梁上，应为"良上"。

广（地名）截击，廖自率原部向大地方追击。覃师以急行军在三天到达大、小广，当晚第七十二团（前卫）在大广宿营，师部率独立团及陈营在小广宿营，两地相距约十华里。次日拂晓，大广方面机关枪声甚密，判定是前卫团发生战斗，我们即发紧急号令集合部队向大广急进。到达时，从程团报告中，获知萧克部队行抵大地方附近，被廖磊率队尾追甚急，不敢向北直进，改道向大广再入石阡，其前卫尖兵到达大广东端，被我第七十二团（即程团）连哨发现，开枪射击，展开战斗。红军先以约一个营兵力，向该连哨攻击，连续冲锋两次，都被该连轻机关枪火力压制。当时我军每个步兵连有捷克轻机关枪九挺，模范式七九步枪七十余支，弹药充足，装备上比红军优越，故红军每次冲锋，都伤亡较多。这时团长程树芬已派出一个营占领大广东南后背山，用重机关枪向红军左翼侧射，并遮断红军后续部队向前线增援，另一个营由正面以步机枪协同追击炮向当面红军猛射，红军不能支持，向后撤退。该营追击前进，刚越过山背，对面山树林内红军重机关枪向我扫射，打伤士兵数名，前进受阻。覃连芳率后续部队赶到，见状，即命陈营向山地红军阵地攻击。该营营长陈与参作战不力，部队到达山脚，便停止不前，覃大怒，立将陈与参撤职，派参谋刘肇骏接充营长，并令迅速攻占红军阵地。在追击炮火力协同进攻下，刘营冲到半山腰，红军向山后退去，该营占领了阵地。此时程团一营乘势冲出前面坳口，发现红军密集部队正由前面山坳向北撤退，与我隔一山沟，相距约数百公尺，即以重机关枪连续扫射，红军纷纷仆倒，但仍前仆后继，冒着弹雨奋勇通过。我们派出独立团从右边山脚越过山沟，欲截断红军退路，该团尚未到达，红军已脱离战场向石阡方面退去。这役红军伤亡约数百人，阵内道路两边以及山沟边缘，都遗下不少尸体，从尸体上搜获的文件，才知道萧克部队的政委是任弼时。覃师伤亡约十余人。下午4时许，战斗结束，我正集合部队时，廖磊率张、李两团赶到，闻红军已走脱，深悔来迟，失去歼敌良机。当晚各部队都在大广附近露营。次日派李瑞金团向石阡追击，廖磊率张光玮团向镇远，覃连芳率所部向施秉集结，并电报白崇禧请示行动。覃师抵施秉第二天，接廖磊密电云："据报现有大批烟土集中黄平，准备经剑河运湘，希设法使该烟土回转都匀经独山入桂，以利税收。"覃连芳叫我约程树芬同来商量，商量结果决定如下：

（1）由程在该团选湘、鄂籍排长二员士兵二十名，编为两组，佩带短枪，化装为红军游动部队，星夜潜往黄平、剑河间路上活动，截断电话线，写红军标语，检查往来客商，没收烟土，并扬言红军大部队不日即将到来，使客商不敢往来。（2）派刘营开到黄平县城，扬言红军数千现到剑河附近，将向黄平侵犯，并在城外构筑工事，准备作战模样。黄平烟商闻此消息，都将烟土运回都匀，廖磊便派人在都匀、独山活动，闻这些烟土都陆续运入广西转粤。李瑞金团向石阡追击，在石阡附近与红军殿后部队略有接触，红军向北退走，该团撤回镇远，休息数日，接白崇禧电令全军开回桂林待命。

（节选自《尾追红六军团，阻击中央红军》，载中国人民政治协商会议全国委员会文史资料委员会编：《围追堵截红军长征亲历记》上册，中国文史出版社1991年版。本文标题为选入时本书编者所拟）

新桂系阻击红军先遣队突围西进

⊙张光玮 [①]

对付红军突围西进的军事部署

1934 年夏，第四集团军总司令部得到情报，中央红军将要突围西进，乃召集军、师长会议于南宁。会议对红军西进的情况还不完全明确，认为先要作好准备。会后，将驻桂林的第十九师第五十七团（团长魏镇）调驻柳州训练；将驻柳州的第二十四师第七十一团（团长张光玮）调驻桂林。为什么调防呢？总司令部判断红军西进，有可能经过湘、桂边境，驻桂林的第十九师首当其冲，该师的第五十七团都是新兵，未有战斗经验；第七十一团都是老兵，经过多次的战斗锻炼，过去几年与国民党中央军作战时，曾防守桂林，对桂林情形较为熟悉。故此，将这两个团对调驻防。我团乃于 5 月间开驻桂林。6 月，总司令部电令将我团与第五十七团互换番号，我团乃改属第十九师，魏镇团改属第二十四师，与此同时，将独立团调驻柳州。此为对红军阻击前做好准备工作的一部分。

7 月，闻红军先遣队将要突围西进，总司令部电令第十九师师长周祖晃率第五十五团（兼团长苏祖馨）、第五十六团（团长秦霖）开驻全县，我团留守桂林。周师到全县后，闻说由于桂林区民团指挥官陈恩元（该师前副师长）顾虑在全县境内作战，糜烂其家乡（陈是全县人），乃建议将该师开赴衡州协助湖南部队堵击红军，其理由为"拒敌人于国门之外"。此建议得总司令部同意，该师于 8 月间开赴衡州。对此，湖南当局表示欢迎。

---

① 作者曾系国民党第四集团军第二十师第七十一团团长，1934 年 6 月改番号后任第十九师第五十七团团长。

当红军先遣队指向衡州时，湖南省当局准备放开衡州，已将驻衡州部队撤离衡州。在周师到达衡州的前两天，湖南省驻衡部队才又回驻衡州，如是，衡州守军力量增强，红军先遣队避实就虚，乃不指向衡州而转向道州，沿湘江上游寻觅徒涉地点渡江西进。

8月下旬，第四集团军总司令部得到红军先遣队指向道州前进的消息，大为紧张，顾虑红军进入广西境内，乃急调我团从桂林星夜开赴湖南道州防堵。又将驻柳州的第二十四师第七十团（团长汪玉珊）先赴贺州、后由钟山急调平乐，夜行至阳朔，并用汽车先运至兴安待命。令第二十四师师长覃连芳率第七十二团（团长程树芬）、独立团（团长谢鼎新）、第七十一团一个营（营长陈与参）用汽车运至桂林集中。令周师从衡州沿湘桂公路兼程赶回全县的永安关一带防守。第十五军部队亦陆续调到柳州一带待命。

9月初，我团开抵道州时，红军先遣队距离道州仅五十华里，我团正在布防准备堵击，突然接到第七军廖磊军长电话说，周师已到达永安关附近，要我团立即由道州开赴江华，防止红军从江华永明进入广西腹地，我团乃立即从道州驰赴江华。

对红军先遣队的阻击战

我团到达江华，布置防务，准备战斗。红军亦于是日从道州附近的白水滩徒涉过江。这时闻说汪团由平乐赶至兴安县之唐家市 ① 布防，第二十四师 [师]长率第七十二团及独立团、第七十一团一个营赶至兴安县城集结。红军先遣队过江后，只派出一部向江华警戒，大队取道寿佛圩、蒋家岭指向永安关，先在蒋家岭一战将第五十五团吕汉的前哨营击溃，[继] 续向永安关前进，又在永安关前后将周师的第五十五、五十六两个团击溃，突破广西的防线，进入广西境内，取道文市、界首、鲁塘、油榨坪、车田等处，入湖南城步县境，指向贵州黎平方向前进。闻说，红军到达界首越过湘桂公路，占领鲁塘。覃连芳师命汪玉珊团向鲁塘攻击，覃率程、谢两团准备会同周祖晃师夹击红军。汪团到鲁塘，红军已向油榨坪前进，只有少数掩护部队与汪团接触，战斗约一小时，这支掩

---

① 唐家市，应为"唐家司"。下同。

护部队亦向油榨坪退去，覃师的夹击计划扑空。

红军通过道州后，我团在江华接到第七军［军］部电话，要我团尾追红军。红军行进迅速，我团从江华经文市一直追到咸水，未与红军发生接触。

对红军先遣队的追击战

本来，红军先遣队过了车田，离开了广西，进入湖南省境以后，广西可以不必追击的了。当我团追击红军到达咸水时，闻军长廖磊说，总司令部判断红军西进，意图有二：一为占领山岭重叠的贵州；一为占领天府之国的四川。总司令部认为，如果给红军占据贵州，广西的政治经济将受影响，政治上既不安定，经济上靠贵州鸦片烟土过境税的来源也将会断绝，因此，总司令部决定组织追击队伍，衔尾追击红军，不让红军占据贵州。

追击队伍由第七军军长廖磊统率，分两路前进，一路由廖磊亲率第十九师和第二十四师的第七十团沿着红军所经油榨坪、茶园之路衔尾追击；一路由第二十四师师长覃连芳率该师第七十二团及独立团取道义宁、龙胜方面防堵，相机向贵州省前进。我团随第十九师向红军追击，从咸水出发经油榨坪、车田至湖南境之茶园、五塘，又进入广西龙胜县境之广南寨，再入湖南境之双江口入贵州省之黎平，历十数日，所经地区都是山路，崎岖难行，与红军未发生接触。廖磊过了黎平、剑河，在镇远黄坪①之间与覃连芳师会合，我乃知覃师与红军在剑河曾小有接触。廖磊到达贵州省镇远县，湘军李觉师先开到该地，李觉师长前来与廖磊联络。覃师向小广、大广方面前进，在大广附近与红军发生战斗，相当激烈，红军向石阡方向退去。我团随第十九师在羊肠、大地方、小地方一带遭遇红军，战斗多次，在甘溪圩之战较为激烈，参加战斗的为我团和第七十团，廖磊亲来指挥，结果红军向松桃、石良场方面退去。这时，值10月中旬，廖磊接到总司令部来电说，红军大队将继续突围西进，要第七军从速开回广西准备防堵。因此，追击部队旋即撤转回桂境，我团追至石阡县附近亦转头回桂。

当第七军在黔东北一带与红军作战过后，第七军军部接到贵州省主席王家烈的电报表示感谢，并愿将黔东北两个专区地盘让给第七军驻兵。廖磊向总司

---

① 黄坪，应为"黄平"。下同。

令部请示后，复电辞谢，大意说：桂军入黔专为追击红军，并不是为谋地盘。任务完毕，就要开回广西。王接电后至为感激。其后，王家烈闻桂军开拔回桂时，通令黔东各县对桂军经过之处，热烈欢送并盛情招待。10 月下旬，桂军从贵州回桂，回程经过镇远、天柱、锦屏、黎平入广西古宜，11 月初到达桂林，旋即开向桂东布防。

关于阻击红军先遣队的西进之役，桂林方面当时流行一句话说："广西军队对红军接也接得远，送也送得远。"这句话是给新桂系的军事措施一个深刻的讽刺。有人说，如果周祖晃师当时不开往衡州堵击，也许红军不会经过广西西进。

[韦瑞霖记录整理。节选自《新桂系阻击红军北上的点滴回忆》，载中国人民政治协商会议广西壮族自治区委员会文史和学习委员会编：《新桂系纪实续编》（二），广西人民出版社 2005 年版。本文标题为选入时本书编者所拟]

第二十四师追堵红六军团

⊙黄炳钿[1]

1934年秋间，第四集团军总司令李宗仁、副总司令白崇禧，探悉萧克将军率领红军万人，由江西出发，经湘、粤边区前进，已经到达湖南的道县，接近广西。李、白深恐红军进入广西境内，遂急电驻柳州第七军军长廖磊派兵驰赴桂东防守。灌阳边界，由〔第〕十九师师长周祖晃派出一部向道县警戒。唯富川及贺县一带空虚，遂加派第二十四师七十团团长汪玉珊团附黄炳钿率所部由柳州出发，经荔浦、平乐，向富川前进。当〔第〕七十团到达钟山县时，知道萧克将军所部红军已由道县进入蒋家岭，把〔第〕十九师〔第〕五十五团吕汉一营击溃，进入灌阳县的文市，经石塘、界首向唐家市[2]前进。廖以全州震动，兴安危急，遂檄调〔第〕七十团由钟山星夜兼程驰赴阳朔，由阳朔乘汽车输送兴安。部队日行一百六十里，马不停蹄，兵弃装具，日以继夜地行动，一到阳朔，随即上车，飞奔兴安。

〔第〕七十团先到兴安，只有一营，立即赶到唐家市附近警戒。后到者不按次序，也陆续开赴唐家市布防。当全部到唐家市时，红军全部已通过界首，向资源前进。〔第〕七十团于次日也向资源前进，在鲁塘地方与红军的后卫部队接触，激战数小时后，红军二百余人撤至鲁塘通资源的要隘阻击。〔第〕七十团以数倍之众，几次进攻，均无法通过要隘。到了黄昏，〔第〕十九师〔第〕五十六团陈与参营长[3]率领该营到达鲁塘，同在该处彻夜警戒。第三日，红军已向桂、黔边区前进。〔第〕七十团跟后追击，到资源附近的隘路口，我方飞

---

① 作者当时系国民党第四集团军第二十四师第七十团团附。

② 唐家市，应为"唐家司"。下同。

③ 陈与参营应属第七十一团。此处"第五十六团"及后文"第五十七团"为误。

机三架，盘旋上空，企图轰炸红军，但飞行人员技术低劣，认识不清，发生误会，所投炸弹，多落在［第］七十团行军路上，妨碍行进，反使［第］七十团迟滞不前。及到达隘路口山谷中的梯田地带，发现我方飞机一架，倒栽地上，被红军焚毁，只剩飞机铁质残骸，飞行员残尸二具，身体弯曲，手脚支离破碎，狼藉地上。红军一部由梅溪口经湘境进入黔边，向黎平、锦屏、镇远方面前进。我［第］七十团暂归［第］十九师师长周祖晃指挥，沿红军长征线，随后跟进。及到达湘、桂交界处的梅溪口要隘，在隘口旁边插有一块木牌，红军大书"有劳远送"的标语。红军行动迅速，声东击西，令人莫测。此时［第］七十团与红军相距超过一日行程，真是欢送，不是追击。过了梅溪口进入城步、通道，旋经黎平、锦屏、天柱、三穗而到镇远，沿途没有与红军接触。第七军军长廖磊率［第］廿四师和独立团也到镇远。适湘军师长李觉的部队，亦同时到达镇远集中。这时红军仍在施秉和余庆地区。廖磊遂亲率［第］七十团及［第］七十一团①，向余庆前进；［第］廿四师师长覃连芳率［第］七十二团、独立团，及［第］五十七团陈与参营，先行出发，向施秉搜索前进，在广大②与红军遭遇。覃连芳所部正在红军左侧占领阵地，截击红军进路。廖磊在行军途中，遥闻左侧方面的枪声，知系我军部队与红军接触，廖即亲率两团兵力，依枪声方向急进支援，未几即与覃连芳所部相会，据覃连芳说："我师与红军遭遇，截断红军去路，激战甚烈，红军不支，向我左侧小路退去，当命［第］五十七团陈与参营长率领所部赶速占领左侧的高地，拦截红军。但陈营长怕死，不敢前进，以致红军得以从容退去。"廖磊是一个好大喜功的人，就率两团由小路向红军追击。可是山高路隘，林密草茂，行动十分迟滞。红军又在沿途设置地雷和集束手榴弹，非经搜索拔去，就不能前进。加以红军行动神速，顷刻间就转移别处，我军无从追击，结果无影无踪。在送行途中，曾捡获红军传单一纸，大意谓日前在某处与湘军师长李觉部激战，打了一个大胜仗，歼灭湘军一营，缴获步枪四百支，重机关枪数挺，俘获营长一人，及全营官兵四百余人云云。廖磊所部到了大地方之后，四面派人侦察。次日向石阡方面前进，以［第］七十一

---

① 此处及后文的"第七十一团"，应为"第五十七团"。
② 广大，应为"大广"。

团团长张光玮①率所部为前卫，我代领该团②（团长汪玉珊因病滞留黎平）随军长廖磊之后为本队。行抵甘溪圩附近的狭长道路，[第]七十一团与红军遭遇，迎头阻击，争夺该处制高点，展开激战。[第]七十团跑步向前加入战斗，以第三营由右翼高地包抄，协助[第]七十一团的正面攻击，争夺甘溪圩背后高地，短兵相接，激战其烈。我乘红军与[第]七十一团第三营交锋，而红军火力未及控制前面的中距离时，即率第一营和第二营连续冲锋，把红军部队分为两段，首尾不能联络，及致红军遭受损失。可是红军避实击虚，乘夜绕道向我军留守处的大地方袭击，把军校毕业学生百余人击溃，并击毙学生多名。廖磊复率[第]七十团、[第]七十一团企图拦截。次晨分途搜索前进，适大雾迷漫，咫尺不能辨人，〈闻〉在山岗上遥闻隔岗人声嘈杂，认为系红军部队接近，[第]七十团即与[第]十九师[第]五十六团发生冲突，对击约两小时之久，足见指挥失宜，联络不善。最可笑的，廖还在大地方布防，择要构筑防御工事，生怕红军奇袭。过了几日，才知道红军已向石阡前进。廖磊企图再行追击红军，又率[第]七十和[第]七十一两团向石阡追去。当出发时，[第]七十团第二营营长李瑞金，曾对我说："昨晚奉军长面谕，甘溪圩俘获'共匪'，内有廿余人，非常跳皮，是属正货，应解至山僻地方，以脱逃为名，一律枪杀，你知道否？"我答："未奉军长命令，不敢负此责任，且敌我相斗，规定没有残杀俘虏，你奉军长命令，你自己负责吧。"后来行了十余里，即与贵州省主席王家烈相会，廖磊就把缴获红军的步枪及俘获红军数十名，交王家烈处理。我军到了石阡之后，红军已进入黔川边界，在石阡住了二天，即拔队转回镇远。

第七军全部集中镇远之后，闻说红军全部由江西倾巢出发，取道湘粤边区西进。第七军在镇远休息一天，处理伤兵后运，同时覃连芳派我到第七军临时医院，颁发犒赏[第]廿四师伤兵费五百元，准备回桂。镇远城市，商场较为热闹，特别是贵州地方，遍种罂粟，鸦片烟土公开摆卖，没有限制贩运。第七军的官兵看到市面摆卖的烟土，认为是千载一时的发财机会，于是把公款、私款都掏出来做本钱，连行军零用的小钱也拿出争购鸦片烟土（每两大洋二角）。官佐利用衣箱及弹药箱，士兵则利用杂囊袋及水壶，满载而归。[第]

---

① 第七十一团，为"第五十七团"。1934年6月，第五十七团与第七十一团互换番号。因此，此时张光玮应为第五十七团团长。

② 指第七十团。

十九师先行出发，到了三穗宿营，一夜之间，把该处鸦片烟土抢购一空。[第]二十四师到三穗的时候，市面已无存货。于是派兵沿途搜查前进，所经城市，都争先恐后地抢购烟土。计经天柱、锦屏、黎平，进入广西的古宜、龙胜回到桂林。[第]七十团团长汪玉珊，贪生怕死，装病避战，经被撤职，以颜仁毅接充团长，在桂林交代。当时桂林的烟贩、烟鬼，神通广大，勾通第七军的官兵，三五成群，在大街小巷进行交易，每两一元三角，公开贩卖。桂林禁烟督察局局长覃彩如对于这笔私烟，也想从中染指，曾与乃弟覃连芳商量要缉私勒税。可是覃连芳却用恐吓的口吻对乃兄说："你要命还是要钱？士兵千辛万苦、打生打死，搏命带回的东西，你如果要缉私，士兵会拿手榴弹来对付你，你千万不要乱动，出了问题我不负责的。我们过了几日就要出发，士兵们贩卖私烟，最多不过几天就可搞清楚，你可装聋作哑，不闻不问好了。"

（选自中国人民政治协商会议广西壮族自治区委员会文史资料研究委员会编：《广西文史资料》第二辑，内部编印，1962 年。原标题为"阻击红军北上亲历记"，现标题为选入时本书编者所拟）

新桂系追击红六军团过桂北

⊙虞世熙[①]

抗击萧克将军所率红军过境的概况

1934 年 8 月间，萧克将军率领红军万人由赣南进入湘南。李、白、黄（旭初）深恐红军入侵广西侵占他们的地盘，责成廖磊的第七军负防守桂东北的责任。廖奉命后，首先把周祖晃的第十九师派赴恭城的龙虎关，灌阳的永安关、清水关、雷口关一带布防。同时，派桂林区民团指挥官陈恩元赴兴、全、灌调集桂北各县的民团协助防守。民团指挥部共有三个民团常备大队（兵力约一团）。廖磊来电要我负责固守桂林的城防。当我正在计划布防时，廖又来电要我率领三个常备大队星夜兼程开赴全州，并在电中声明桂林城由他率领部队车运来接防。当我率队到达兴安的唐家市[②]，侦悉湘江在唐家市至界首之间有的渡河点可以徒涉，遂用电话请示陈恩元，要求留两个大队在唐家市布防，陈以全州城防重要，极不同意。随［后］又用电话请示廖磊，得其许可留蒋鼎新大队驻守该市，监视渡河点，并策应兴安县城的防守，我随即率何清、秦廷柱两个大队继续向全州进发，当天赶到全州县城时，已是黄昏时候了。当我到县民团司令部去找陈恩元报告部队到达的情形时，陈就说，红军到达道州时，佯指向永州前进，周师派大部兵力向永州境去阻击，现红军已乘间突破清水关进入灌阳文市，并说业已转报桂林廖军长。他认为我过去曾充廖的参谋处长，和廖相熟一些，要我在民团司令部住宿，收听廖的电话。同时，他说去县府和县长罗震南商量布防

---

① 作者当时曾先后任广西桂林区民团指挥部参谋长、全州县长兼民团司令。
② 唐家市，应为"唐家司"。下同。

事宜。陈刚去不久，即接廖的电话询问进入文市红军的动向，当时我把已饬两合乡公所派人前往继续侦察赶速回报告知外，并将部队到达和布防情形报告他。

当晚 10 时左右，据电话总机的人员说，两合乡的电话不通了。我当时的判断是：一、可能被敌割断电线了；二、两合圩距文市不远（约二十多华里），乡所的人员被吓跑了。于是，我用电话通知罗震南，要他把上述情况转报陈恩元，并要他派员率武装兵数名携带电话机向通两合圩的道路上前进，侦察敌情，随时回报；一面要随来的参谋王宪藩和民团副司令蒋朝教（全州人）把地图拿出来研究敌人的动向；并问蒋何处有险可守，湘、灌二水何处可以徒涉。正在研究之际，廖又用电话来询问敌人的动向。我把上述各情告诉他，他很武断地说，敌人企图，不是南进灌阳城，就是北取全州。当时我不同意他这个看法，于是我就把我的判断对他说，敌人南进灌阳的可能性很小，因为即使拿下灌阳城，影响和作用都不大，况且灌阳城有周师的兵驻守，前被阻击，后有追兵，敌人不会出此下策的。至［于］敌北取全州的企图，我认为可能性也小，因为湘江到全州附近水已渐深，沿河船只少，随处受袭击，渡河不容易。接着我又对他说，敌人如果渡过湘、漓二水，无论向南向北或西进，机动性大，作用也不小。说到这里，我就把民团副司令蒋朝教所说湘江由唐家市至凤凰嘴一带，有几处渡河点可以徒涉告诉他。并建议两个方案如下：

（一）把湘江上游的徒涉点守住，阻止敌人渡河，待周师赶到，在湘、灌两水之间聚歼它。

（二）派兵一团至通往大埠头（即今资源县城）的三千界布防，在洛江的山区地带聚歼它。

廖认为第二个方案，运兵来不及，只能采取第一个方案。两人在电话上商定之后，他答应派［第］七军［第］二十四师汪玉珊团长率陈与参营即时车运至唐家市并指挥蒋鼎新大队负责扼守唐家市至凤凰嘴一带的徒涉点，同时，要陈恩元调集该处民团协助防守。廖说完这些话后，陈刚巧由县府回来，我把上述情况告诉他，并建议加派秦廷柱大队去增强防守的兵力。陈仍认为全州城防紧要，失城罪大，不同意我的建议。

当晚在两合乡电话不通的状况下，我曾经打了好几次电话去给与文市（灌阳县属）相邻的白宝岭、石塘圩等处乡公所查问敌情，都得不到什么消息。次日上午 9 时左右，接石塘乡公所电话说红军已逼近石塘圩。接到这个情报后，陈恩元就问我如何处置。我说："广西民团早已吹得震天价响，如果不去拼一下，不但声誉扫地，而且责任负不起。"我说这席话之后，陈沉默不语，我体会他的意思，你既要去拼，你就带队去拼罢。于是，我就对他说："我想率秦、何两个大队车运至赤兰堡，赶赴凤凰嘴去增援。"陈立即同意这样办，并要我马上出发，他在后方负车运部队的责任。我登即偕同参谋王宪藩、副司令蒋朝教两人和四个手枪兵乘坐一辆小轿车并两架大卡车载团兵两排先行出发。到达赤兰堡后，我就下达布防的命令，要秦、何两大队长候部队到齐时即向凤凰嘴进发，选择该处徒涉点，在西岸占领阵地，阻击敌人渡河。下达命令后，我仍偕同王宪藩等乘车向咸水前进。到达咸水时，适遇恩德区区长梁翰藩率该区区公所人员和少数团兵向北撤退，我问他敌情如何。他说，红军已由石塘圩经麻子渡到凤凰嘴渡河，并要我们赶快离开咸水。同时，我又询问了一个刚从凤凰嘴到咸水的老百姓，据说红军已逼近咸水了。于是，我们就急忙乘原车开回赤兰堡。候至下午4时左右部队到齐时，即循桂全公路向咸水搜索前进，抵距咸水约十华里的白沙村时，天色已晚，即在该村布防警戒，并下令次日拂晓向咸水搜索前进。次日上午9时左右到达咸水，据报敌人已于昨晚五鼓时向洛江方面去了。我深恐红军尚有后续部队，为慎重计，即在咸水警戒，大约11时左右周祖晃亲率所部陆续到咸水。当时我就把上述情形告诉他，他要我率秦、何两个大队随后跟进。接着我就把〔用〕携带的话机和全州通话，陈恩元要我把秦廷柱大队遣回桂林，维持治安。只能率何、蒋两个大队随周师前进。当晚我们到达洛江乡时，蒋鼎新大队也由唐家市经鲁塘到洛江。蒋把该大队和陈与参营在唐家市附近徒涉点与红军侧卫接触，及在鲁塘与红军后卫接战的情形逐一报告我，并说，团长汪玉珊在唐家市与敌接战时，他一听到枪声响即行逃跑了（汪因这次临阵退缩被撤职），同时，军队与民团的配合作战也不紧密协调，因此，被敌在该处强行渡河。次日清晨即由洛江经三千界、油榨坪向大埠头（旧属全县西延区所在地，即今资源县城）前进，及抵大埠头时，周师已全部向才喜界（今资源县属）及湖南城步进发。我和蒋、何两大队长正在商量应否再随周师跟进之际，适廖磊率卫士两班也赶到大埠头。廖一见我就问："还有什么办法没有？"我笑着说："只有欢送罢了。"同时，我把上述情况报告他后，他要我把湘、桂、黔边境地图拿出来共同研究敌人今后的动向和企图。研究的结果，大家认定红军的动向有三：（1）进入湘西；（2）进入贵州；（3）窜扰广西西北边境，吸引我大部兵力到西北边地，俾其后续部队易入侵广西，夺取广西的地盘。但我认为红军窜入湘西的可能性小，原因：蒋介石的中央军兵力优势，装备精良，红军要想在湘西建立一个根据地，殊不容易。同时，如果红军企图进湘西，其主力则应取道梅溪口（湘桂两省交界处）出新宁入湘西，比较便捷些，这是红军不进湘西的象征。关于红军窜扰广西西北边县的问题，廖认为广西的民团组织有相当基础，军队装备和训练也相当精良，红军想乘此占领广西，恐怕它还没有这个把握。研究的结果，认为红军向才喜界（今资源县属）出城步县（湖南省属），必定经通道县入贵州。因贵州王家烈（贵州省主席）的兵力无多，兼之贵州崇山峻岭，最利于红军的游击战，所以红军进入贵州的可能性最大。

当我和廖磊研究红军动向之后，廖说要赶上前线指挥作战，我为了保护廖的安全，仍率何、蒋两个大队继续跟进。到了才喜界岭顶，廖要我率蒋鼎新大队回桂林，他说有何清一个大队护送尽够了。廖遂尾随周师之后出湖南城步经通道入贵州黎平。我率队回到桂林时，记得是9月25、26日左右。后来据说红军出了广西境后，途中发现有"多劳桂军远迎远送！"的标语。这充分说明红军指挥的灵活和行动的敏捷，追击部队不但摸不着敌人，反而处处陷于被动，事实上成为"送行"。

桂军远追红军深入贵州的内幕

1931年春初，张（发奎）、桂军驱逐滇粤军出境之后，李、白、黄在广西全省的统治地位又告恢复。由于连年混战，劳师动众，不但带来了人民极大的灾难，而且带来了生产萎缩、百业凋敝和税源枯竭，经济上陷于无法维持的困境。广西当时的财政收入，鸦片烟过境税将近占到岁入的一半——这是新桂系集团经济上的命派〔脉〕。蒋介石十分了解，他在不能用武力消灭桂系，而又不愿任令坐大的情况下，就转而在经济方面下桂系的毒手：严密封锁广西，不准云、贵两省的鸦片烟流入广西。李、白、黄当然不愿坐以待亡，他们先后派何海筹、王文熙、陈雄等为使节与云南省主席龙云、贵州省主席王家烈、吴忠信和贵阳行营主任顾祝同谈判，许以降低入口税、保证安全、简化入口手续等等优厚条件使该两省的鸦片烟流入广西；此外还使用极为卑劣的手段来迫使烟商就范。1933年，白崇禧密令第七军第二十四师［第］七十团第一营营长明德（恭城人，是白在模范营当连长时的班长）率领武装兵两连到湘黔交通孔道的洪江，伪装土匪，劫掠由贵州运经洪江入湖南的鸦片烟；有时甚至还把烟商杀害，使他们不敢将鸦片运经洪江。而且还规定：劫获的鸦片烟，以六成归公，四成充赏，负责执行截劫烟商任务官兵的每月薪饷还加倍发给（上面这段话，是明德亲口和我说的）。

这次桂军的追赶红军，锲而不舍，有非将红军驱出贵州省境绝不罢休之势。这种醉翁之意，局外人了解是不多的。当我率领何、蒋两个大队随廖磊前进至才喜界岭脚时，遇着由城步来大埠头的两个小商贩，我就问他们："红军走向哪去了？"他们说："红军已向通道县方向前进了。"我把所得情况报告廖磊后，我并对他说："红军既离开广西向贵州前进了，何必越境追击呢？这种做法，不但徒劳无功，还会惹起邻省的误会；而且万一敌人后续大队跟着来，那我军的处境和广西的安宁就不堪设想了。"廖沉默了蛮久才对我说："云、贵两省的鸦片烟过境税，是我们一笔最大的财政收入，如果贵州被共产党盘踞了，或者被蒋介石假途灭虢，把王家烈撵走了，我们这笔财源也就断绝了，而且直接受到威胁。"我听到他这席话之后，知道桂军要将红军驱出贵州的目的，原来是为了维持鸦片烟过境税的收入。

这次第七军一共出动了六个团，计周祖晃的［第］十九师有秦霖、苏祖馨、魏镇三个团；覃连芳师的汪玉珊和张光玮、程树芬三个团[1]，一直跟踪至贵州施秉、石阡等县以北地区，迨红军全部由江西开动时，才撤回桂北，再阻击红军长征北上抗日。

（节选自《阻击红军长征经过桂北纪实》，载中国人民政治协商会议广西壮族自治区委员会文史资料研究委员会编：《广西文史资料选辑》第二辑，内部编印，1962年。本文标题为选入时本书编者所拟）

---

① 1934年6月，张光玮团与魏镇团互换番号。张团改属第十九师，魏团改属第二十四师。

黔军阻击红军纪要（节录）

⊙万式炯①

1934 年到 1935 年，红军有几支队伍在贵州活动，受到国民党中央军和湘桂黔军的围追和堵截。当时，我在第二十五军任第八团团长，我亲自参加了阻击红军的活动；又因王家烈是我的姑丈，我受到他的培植重用。我团不仅武器装备较为精良，还配有当时部队少有的电台一部，我和军部参谋处联系方便，他们也对我另眼看待，经常告诉我一些重要情况，因此，我对当时的战况了解较为清楚。

军阀混战和红三军、红六军团入黔

1930 年，湘鄂西根据地组成红军第二军团，由贺龙将军任总指挥，周逸群任政委。1931 年 3 月，红二军团改为红三军。1933 年秋，红三军转移到湘鄂川黔边界，在贵州沿河进行游击战争。1934 年 6 月红三军创立了黔东特区革命根据地。

红三军能够立足于黔东，是与军阀之间矛盾重重分不开的。当时，贵州王家烈与湘西新编第三十四师师长陈渠珍交哄，双方迭次兵戎相见，王家烈派廖怀忠师长及中将参军王天锡率部在铜仁将陈击溃；陈渠珍又联合驻铜仁反王家烈的师长车鸣骥，在黔东作乱，王家烈派柏辉章师长率兵三个团（即第四、五、八团）开赴玉屏、铜仁，双方决战于猫猫岩。同时王家烈的后顾之忧是犹国才。前此王家烈曾想"助桂反蒋"，蒋介石就策划"以犹倒王"，王家烈、犹国才

---

① 作者当时系国民党第二十五军直属第八团团长。

之战，虽已由王胜犹败而暂告平息，但王家烈对蒋、犹的戒心并未稍减。王家烈若要全力向黔东红军用兵，又恐犹国才从西路乘虚进袭，因此王死守地盘，一直不敢妄动。王家烈在1934年底一次省民众大会上说："红军贺龙初到沿河时，人约四千，枪约两千余。那时我曾派李成章旅长率部到湄潭防堵。廖怀忠师不明真相，出于误会将李部拖往松桃。因此延误时日，红军得此良机，发展壮大，势力蔓延于思南、石阡、印江、沿河一带。我军'追剿'之时，每苦于顾此失彼，难得寻获红军主力。"

红三军在黔东根据地内建立苏维埃政权和各种群众组织，没收和分配了地主豪绅的土地，同时建立了地方武装。尽管黔东根据地仅纵横三百里，人口十万余，但是他使红三军渡过了建军以来的最困难的时刻，为与红六军团的胜利会师奠定了坚实的基础，而对贵州地方势力王家烈的统治是一个强烈的震撼。

湘桂滇黔军协商"围剿"红军对策

贺龙将军在湘西黔东建立了红色政权，使王家烈及贵州军政人员诚惶诚恐，王家烈欲挽回危局，必先协调内部冲突，解除后顾之忧。通过黄道彬、何知重从中调和，于1934年秋，王家烈和犹国才举行关岭会议。王、犹在会上要大家和平协作，对抗红军。商谈结果是：犹部兵力交王率领，开赴黔东、湘西，"防剿"红军；王则以省主席一职由犹代理。王家烈随即将原部置在西部天险花江河，由我率领准备随时对付犹军的第八团撤走，以加强对红军的攻击力量。

1934年9月，正当王家烈集中兵力"围剿"红军的时候，任弼时和萧克率领红六军团自赣西征，经湘桂而逼近我省黎平、锦屏一带。湘桂黔等省都为之震惊，如何联合起来阻击和歼灭西进的红军，就成了他们的当务之急。

这时，湖南省政府主席何键派代表路邦道、潘壮飞两人来黔，与王家烈协商"会剿"办法。他们转达何键的意见，愿出四个团兵力，会同黔省"剿灭"红军。

李宗仁、白崇禧派代表张蕴良来贵阳，向王家烈表示，愿出四个团兵力"会剿"红军。并说："李、白接上海密电，红军主力将离开江西，通过西南，北上抗日。蒋介石必然借'追剿'红军的机会，派中央军进入西南控制各省。"张蕴良又说："李、白建议，滇黔桂三省出兵，在湘桂边境的黄沙河一带防堵，压迫红军主力向湖北秭归、巴东方面渡江北上，以免蒋介石一箭双雕的阴谋得逞。"

王家烈同意李、白的建议，后与滇省联系，希望出兵"会剿"。因龙云不愿将部队调离云南省境，这项计划未得实现。

此时，萧克率领的红军第六军团已近逼黔境，王家烈慌忙调兵遣将，围堵红军。

王家烈部与红六军团作战经过

1934年9月中旬，红六军团由湘桂边境经城步、靖县到达贵州锦屏。湖南何键派第十九师师长李觉，广西李、白派军长廖磊率部尾追至锦屏。

何键与王家烈在锦屏虽然设有湘黔边区"剿共"司令部（由黔军第一师师长何知重兼任司令，湘军第十九师师长李觉兼任副司令），而实际上，何知重同师部驻安顺，李觉同师部驻长沙，该司令部的日常工作，由参谋长王伯勋代行，全部兵力为湘军一个团、黔军两个营。当时王伯勋在清江左岸沿锦屏、黔阳之线构筑工事，防堵红六军团。

王家烈判断入黔红六军团旨在与贺龙的红三军会合，扩大红色区域，就决定联合湘桂军队，妄图在贵定以东，乌江以南，将红六军团摧垮，逐出贵州，遏制红军在贵州的发展。

王家烈的具体作战部署是：（1）命原驻榕江之第四旅旅长周芳仁，率部开赴黎平防堵；（2）命省公安局[局]长王天锡为前敌指挥，率第一团（团长江荣华）、第六团（团长刘鹤鸣）由贵阳出发，开赴施秉防堵，并伺机准备向镇远、施秉之间的文德关、镇雄关、刘家庄、甘溪坪一带迎击；（3）命我率驻湄潭的第八团在乌江北岸箐口一带严密扼守，防萧克率红军渡过乌江；（4）命驻铜仁之第二师师长柏辉章及驻思南之第一旅旅长李成章两部，协力对印江、沿河方面之贺龙红军进行封锁，截断其南进接应萧克之路线。为了加强军部实力并利于直接督师作战，王家烈将作战指挥所设于平越马场坪，任命刘民杰（号继炎）为参谋长，他自己则亲临马场坪督战。

9月20日，红六军团进至黎平以南之潭溪，与周芳仁旅发生战斗。周旅有十连兵力，以两个连留守榕江，八个连投入战斗。红军以强大的攻势一举击溃这个防线，乘胜向北，取道瑶光、南加堡，北渡清江河，又迂回向东前进。当红军进军到剑河县的大广时，遭桂军廖磊部阻击，红军遂掉头向西，经南洞司、良上、平兆，直指黄平、旧州。当红军进至黄平县属的翁谷陇地区时，湘桂两军也追赶而来，集结于镇远、施秉一带。

王家烈看到湘桂黔军合围之势已成，遂令前指挥王天锡同湘、桂两军面商"会剿"的具体办法。经商议决定：北面为乌江天险，水深流急，由我率第八团严密防堵，红军势难飞渡，预料红六军团的进军目标是与红三军会合，派湘军即由镇远直赴石阡县城，桂军亦由施秉向石阡县属的路腊、大地方（地名）跟进，以湘桂重兵集结石阡县境，断红军去路，以便迎头阻击；王天锡率黔军迅速进军黄平，跟踪追击。随即三方配合作战，缩小包围圈，妄图将红六军团压缩在乌江右岸的狭小地区，一举歼灭。

红军至余庆县的龙溪后，曾在回龙场、箐口一带，侦察乌江渡口，但水势湍急，且防守严密，红军无法过江。这时，王天锡部已追至黄平、旧州一带，虽然王天锡慑于红军的声威不敢猛追，但已切断了红军的退路。红军转攻占瓮安猴场，东向石阡进发，在石阡的甘溪与桂军发生激战，红军被截成三段：一部分掩护大部队转移；一部分在李达率领下突围北上，在沿河境内与红三军会合；主力红军转战于石阡、镇远、施秉一带，经过十多天的艰苦战斗，摆脱了湘桂军的追堵。当进至石阡的白沙时，又遇王家烈部的皮光泽率领第十四团进行阻击，经过奋力冲杀，红军终于抢在湘桂黔各军形成合围之前，突破湘军成铁侠部防线，直奔印江。

当湘桂黔军构成包围圈，试图一举歼灭红六军团的时候，王家烈将其军部指挥所由马场坪移到余庆，继又推进思南。他获悉红军已经突进印江后，慌忙饬令王天锡并带李成章部向印江追击。当时王天锡率本部三个团直取沙坪，李成章率两个团径指火烧桥，企图截断两部红军会师。然而，由于红六军团行动神速，甩脱了黔军的堵截，经火烧桥、沙坪，在木黄、石梁一带与红三军胜利会师。当王、李两部追到预定地点时，会师后的红军已经南腰界向四川的西阳进军了。这时，红三军改为红二军团。10月25日，王天锡、李成章两部在火烧桥集结。王天锡重新做了部署：李成章率部向四川龙潭追击，王本人率部进军四川西阳。王至西阳时，红军已奔向湖南的龙山根据地去了。

（选自中国人民政治协商会议全国委员会文史资料委员会编：《围追堵截红军长征亲历记》上册，中国文史出版社1991年版）

截堵红六军团与红二军团会师

⊙王天锡[①]

1934 年夏季，柏辉章（王家烈第二十五军第二师师长）由铜仁打电报给王家烈说，红二军团有由湘西大庸、桑植一带入黔的消息，请派部队增援防堵。过了几天，柏又来电，称红二军团已到川东的酉阳及黔东北的沿河、印江边境，请速增援。王家烈连接两电，并看到红二军团已入黔境，即派李成章（王家烈的第一旅旅长）率第二团（团长戴玉堂）、教导团（团长杨昭辉）由思南、石阡移驻印江、江口，统由柏辉章指挥。

这时，红二军团分布于川东的酉阳、秀山及黔东北的沿河、印江、松桃等县边境，大本营设沙子坡（距印江城北六十里），并于该地组织苏维埃政府。李成章到江口、印江时，红二军团不继续前进，李也不敢进攻，双方均采取守势。当时，黔军方面还以为红二军团不再续进的原因可能是兵力单薄；后接蒋介石来电，始知江西红军主力行将突围，红二军团聚集川东、黔东北，是为了牵制黔军，掩护红六军团通过贵州。

是年 8 月，蒋介石派其行营高级参谋潘壮飞、路邦道为"督剿"专员，前来贵州督促王家烈"剿共"。王于潘、路二人到筑后，即召集高级将领开会，会上宣读蒋介石命令贵州堵截红军的来电，继由路邦道以恐吓语调发言。他说，共产党在江西不能立足，准备西窜，前头部队已由江西出发，目的是来占据西南，如果西南防守不力，一旦赤化，不仅对党国不利，同时还攸关诸位身家性命哩。接着他说，蒋介石已电令广西李宗仁、白崇禧及湖南何键出兵，广西已

---

① 作者当时系国民党贵州省警务处处长兼贵阳市公安局局长。

派第七军（军长廖磊，辖周祖晃、覃联芳①两师）防堵黄沙河，何键已派李觉布防衡阳、邵阳一带。接着他又把语调提高说："湘、桂都有重兵防守，他们（指红军）就必然窜贵州，希望诸位努力防堵。"接着王家烈宣布防堵计划，把他的直属部队和犹国才、蒋在珍、侯之担等部分为七路：以第二师师长柏辉章（王家烈直属部队）为第一路司令，指挥第四团（团长蒋德铭）及李成章的第一旅（辖第二团、教导团）防守铜仁、松桃、江口、沿河、印江一带；以吴剑平（犹国才部的师长）为第二路司令，率所部由原防区盘江一带移驻都匀、独山；以蒋在珍为第三路司令，率所部由防区正安、婺川、后坪移驻遵义的团溪及余庆司；以侯之担（王家烈的副军长兼川南区防司令）为第四路司令，率所部由原防区赤水一带移驻思南、德江，策应柏辉章；以第四旅旅长周芳仁（王家烈直属部队）为第五路司令，率所部第七团（周芳仁自兼团长）并调黎平、榕江、从江等数县民团（后来没有调集）在黎平、榕江一带防守；以第一师师长何知重（王家烈直属部队）为第六路司令，率所部第五团（团长郑金镛，后为李维亚）及犹禹九的第三旅由原防区安顺一带移驻平越（现福泉）、瓮安；以王天锡为第七路司令兼前敌总指挥，率驻防贵阳的第一团（团长江荣华）、第六团（团长刘鹤鸣）开赴黄平、施秉一带防守；王家烈亲率皮德佩（皮光泽）②旅（第五旅）的第十四团（皮自兼团长）到马场坪设行营，指挥各路与红军为敌。之后，王把防堵计划及各路司令的姓名、番号，分电广西李、白及湖南何键。上述各路，只有第一路、第五路及王家烈亲自指挥的部队与红军作战，吴剑平、蒋在珍、侯之担等部均驻原防区不动。何知重部驻防安顺一带，主要任务是防犹国才，吴剑平师不动，何部自然也不动了。直到红一方面军长征经黔时，王、犹、蒋、侯才一致行动，与红军为敌，据悉是潘壮飞、路邦道去说和，当时锦屏还设有湘黔边区司令部，直属部队有湘军一个团，黔军一个营③，何知重、李觉兼任正副司令，何、李均是遥领，参谋长王伯勋代行职务。当红六军团入黔时，王伯勋在清江河左岸锦屏、黔阳之线，也没有和红军接触。

1934年8月下旬④，我率第一团、第六团由贵阳出发到黄平，接廖磊由广

---

① 覃联芳，应为"覃连芳"。下同。
② 皮德佩，应为"皮德沛"。下同。
③ 一说黔军有两个营。
④ "8月下旬"，应为"9月上旬"。红六军团由全州过境进入湖南是在1934年9月上旬。

西全州来电：红军已由全州过境，步经武冈，分两路取道武阳、湄口出绥宁，有入黔趋势，嘱黔军认真防守，廖已率两个军（蒋介石指定李觉由廖磊指挥）跟追，要求黔军严防黔东南及黔东北，阻断红六军团与红二军团会师的道路。我把来电内容以电话告知王家烈（时王已到马场坪），王嘱我与廖磊切取联络，听其指挥。我按照王的指示将黔军布防情况电复廖磊，随即以第六团分布于滥桥、东坡、江西坡、草塘关，第一团分布施秉县城望城坡的东南一带高地，向新城方面构筑工事防堵。

1934年9月上旬[①]，红六军团由湖南绥宁出靖县，取道四乡所进入锦屏之平茶，经铁路、宁溪到湄潭，与周芳仁（第五路）部赵璧辉营接触，战斗不到二十分钟，赵营伤亡二十余人，即向榕江逃走。赵营到榕江后，周芳仁率所部第七团由榕江朗洞到剑河，以后就没有与红军接触了。红军由潭溪过小里，出中黄，经鳌鱼嘴出瑶光到南嘉堡[②]渡清水江，经十八拐到大广、小广，过八卦河到黄桥。天柱县汉寨区区长罗明辉把红军行进情况以电话报告天柱县［县］长林子贤。时廖磊、李觉两部已到远口、岔处一带，林子贤亲到岔处报告廖磊。廖命李觉率所部三个师及第七军周祖晃师由岔处到高酿，李部由高酿进天柱县城，周部由高酿出木杉、圭晚到汉寨。廖磊自率覃联芳师由远口取道小江到天柱县城。第二天李觉部由天柱上邦洞，经款场、瓦寨、长吉、三穗（今柱穗公路线，当时还没有修公路）向镇远方向推进，把守要隘；廖磊率覃联芳师取道洞松、坡王、平真，过湳洞到顺洞，策应周祖晃师。

红六军团由黄桥前进凯寨，到孟优与周祖晃师接触。双方互有伤亡。之后，红军由孟优上大洋，出梁上[③]、巴冶、岑松，过类寨，出羊召[④]到新城。

廖磊在顺洞侦知红军已到新城，即由顺洞出瓦寨，经三穗赶到镇远，周祖晃由孟优出南洞司[⑤]上镇远，以所部第七军两个师扼守文德关、镇雄关、鹅翅膀、刘家庄堵截红六军团东下，命李觉部向石阡方向推进与李成章旅联系，防堵红

---

① 9月上旬，应为"9月下旬"。红六军团进入贵州境内遇周芳仁部并与之交战，是在1934年9月23日。

② 南嘉堡，亦作"南加堡"。

③ 梁上，应为"良上"。

④ 羊召，疑为"羊场"。

⑤ 南洞司，应为"湳洞司"。

二军团策应红六军团。

红六军团在新城休整两天，全部向瓮谷陇推进，突破东坡滥桥黔军第六团的防守线，经金坑到旧州。这时廖磊所部周祖晃、覃联芳两师已由文德关等地移到施秉，布防于路拉①、大地方与李觉部在大地方一带联〔连〕成线。

红六军团到旧州，我认为是进攻贵阳的趋势，即以电话告知王家烈，请其分兵，防堵瓮安、牛场，王即命皮德佩率所部第十四团进驻瓮安县城。叫我亲到施秉会廖磊，商讨如何配合作战事宜。廖对我说："我们只要他们（指红军）不下湖南、不进贵阳就得啦，何必去硬拼呢？部队打光了是不合算的。我建议黔军远远的追，放出一条路给他们走，他们过四川，上云南，我们都听便。"我说，王军长也是这个意见，可以把重兵摆在黔东北及贵阳的四周。

我由施秉转回来后，红军已由旧州出草塘关到余庆，即率第一、第六两团走小道到瓮安，与皮德佩会合，防守瓮安、平越之线，讵知我未到瓮安之前，红军已由草塘关过羊场，经猴场，到阳岩关准备渡乌江。因为当天大雨，山洪暴发，不能渡江，又由阳岩关东向折回龙溪，向紫金关、路拉、大地方前进。在路拉等地与廖磊、李觉两部展开了两天两夜的剧烈战斗，双方伤亡很大。之后，红军由路拉等地转太平场，经马溪到万重山。

我率第一、第六两团到瓮安，侦知红军的行进方向，即命第六团跟追，自率第一团经龙溪到余庆县城，王家烈也由金坑到达余庆，他埋怨我说："廖磊、李觉在路拉、大地方打了两天两夜，你们为什么不追上去呢？连'清水鱼'都不晓得去捡吗？"又说："他们（指红军）已进万重山去了，我拨第十四团给你指挥，赶快追去，他们如果盘踞万重山，那就麻烦了。"

我受了王家烈一场埋怨后，当日即命皮德沛率所部第十四团出发，占领钉梗溪堵截红军去路，亲率第一团直趋万重山。这时，红军已越过万重山，经马场坪向竹梗溪②挺进，第十四团守不住阵地，防线被突破。第六团跟追到川岩坝赶上红军尾队，俘获八十余人，重机枪七挺，步枪八十余支。我到川岩坝向被俘的王连长询问，始知他们是陈光中（湘军）的部队，刚被红军俘虏改编的。我又检查缴获的重机枪，枪身上都有"精忠报国"及"陈光中题"等字样，才

---

① 路拉，应为"路腊"。下同。
② 原文如此。此处"竹梗溪"与上文"钉梗溪"应指同一地方。

知道所获的"战利品"原来是这么一回事。

我由川岩坝到大河边，李成章由木贡前来会我。他说："我的防线被突破，红军已过木贡向火烧桥去了，我们还追不追？"我说："还是追上去吧！我由头塘出印江，走天望哨到沙子坡，你跟后尾追，到沙子坡会师。但是沙子坡是红军的根据地，你要特别小心哩！"

李成章和我来到沙子坡时，红六军团已由火烧桥过刀把场经横克寨，到沙子坡与红二军团顺利会师了。我们到达沙子坡时，红军（包括红六军团、红二军团）已全部出发经川东酉阳、秀山之间把川军田冠武、林秀生两旅防线突破，在龙潭消灭田冠武的一个营，向湖南龙山而去。

我由沙子坡打电报向王家烈请示，是否还续进追赶，王回电："继续追到川东。"我命李成章率第二团、教导团跟追，自率第一、第六两团续进，李部到达龙潭，我到酉阳，已见不到红军的踪迹了。

红军全部出湖南后，廖磊所部第七军由石阡经镇远、天柱、锦屏、黎平回广西；李觉所部由石阡过镇远，沿抚阳河返湘；我奉命返筑，率第一、第六两团到施秉交与旅长（第三旅）杜肇华，李成章也奉命返原防，这次与红军为敌的作战，就此告一段落。

红六军团经过天柱、三穗、剑河等县侗族地区及黄平等苗族地区时，看到贫苦农民，即送给他们盐巴、衣服，对农民群众饲养的家畜家禽和食物、家具，秋毫无犯。各族劳动人民，开始有些害怕（因为国民党政府宣传红军"杀人放火"），后来红军到贵州，对穷苦人民爱护周到，[劳动人民]对红军即异常热爱，据我目睹耳闻者，有下列一些事例：

当红六军团到达剑河县属之本嘉堡 ①，准备渡清水江时，侗族人民给红军送来船只、木筏并替红军带路，还把粮食拿出来卖给红军。我过黄平，途中看到一位老年农民在路旁啼哭，问他为什么事。他说："你们的一位官长把我的母鸡拿去了。"并说："从前我听到乡长、保长说红军是杀人放火的，现在看来都是假的了。他们（指红军）过我们地方，没有动一根草，还给我们送盐巴。"他指着身上穿的一件白布衣说："这是他们送给我的衣服，他们看我穿的巾挂巾，绺挂绺，还可怜我。官长，我是个孤寡老，这只鸡是养来下蛋的，求你行

---

① 本嘉堡，应为"南加堡"。

点好事吧！不退给我的鸡，我这条老命也不要了。"

我向沙子坡前进途中，看到许多农民（汉族）挑着核桃在路上走，我问："这样兵荒马乱，你们还挑核桃到哪里去呀？"他们闪烁其词地答道："挑到印江去卖。"后来我才了解原来这一带的农民听到红军（红二军团）要走了，是挑去赠送红军的。我们到沙子坡时，找不到一个老百姓，原因是当地的农民看到红军开走，意料国民党的军队就要到来，所以都逃上山去了。

（选自中国人民政治协商会议全国委员会文史资料委员会编：《围追堵截红军长征亲历记》上册，中国文史出版社 1991 年版）

黔桂湘三省军阀合力"追剿"红二、六军团情况

万式炯①

1934 年 9 月 19 日，红军萧克进入黔东平茶、坛厂一带，彼时黔军王家烈本想集中兵力在黔东布防。后来之所以不能集中，并非对红军有好感，而是内在原因如下：

第一，防红军贺龙。红军贺龙进入黔东建立苏区之际，王家烈曾派廖怀忠、皮德沛、袁其衡、曹天金、柏辉章、蒋在珍三面攻击。李成章自乔家铺、天堂哨，蒋在珍向板坳、毛平，柏辉章向青溪峰、平洞口抄进。已将红军贺龙击退于来步营、小井、潮底等处。红军贺龙率部往甘龙口、南腰界。黔军可靠的柏、李两部，因为负担封锁红军贺龙，使其不得南进之故，所以两部兵力不能抽调。

第二，防湖南陈渠珍。陈渠珍盘踞湘西十六年。因其僻在湖南西陲，湖南省主席何键，多不措意，加上鞭长莫及，陈渠珍乃得逐渐拥有湘西十数县，苛捐杂税，收入颇丰，招聚亦众，居然以湘西土皇帝自命。凡过去贵州将领驻于湘西者，莫不与之友善，王家烈亦不例外。王氏在蒋介石怂恿其回黔倒毛光翔接任省主席之后，陈渠珍派代表来说：欲任王原任之"湘黔边区'剿匪'司令"。王不允，陈深恨之。乃嗾使车鸣翼②师称兵反王，陈以全力暗助，借故捣乱，以泄私愤。并派其所部，一而再，再而三，以至七次犯黔，均遭惨败而后止。车鸣翼既不得逞，陈渠珍亦徒自馁其气。万不得已，始派黔人李可达（陈之旅长）赴柏辉章部议和。柏辉章系王派其率第四、五、八团反击车、陈者。李可达与柏辉章有旧，陈故派李来，柏亦单骑赴凤凰与陈见面，协定和平，各守疆土，

---

① 作者当时系国民党第二十五军直属第八团团长。
② 车鸣翼，即"车鸣翼"，亦写作"车鸣骥"。

互不侵犯。一场风波，乃告平息。今日已讲和，但防人之心不可无。因此之故，驻防铜仁、江口、玉屏之兵，更不能抽调。

第三，防犹国材^①。贵州军阀周西成统率之毛光翔、王家烈、犹国材、蒋在珍、车鸣翼等，均系桐梓人。皆周一手提拔，由兵弁而至将帅。在黔人称之曰桐梓系。周尝戏谓四人曰：贵州政权，我不做时，交与群麟（毛光翔）；群麟不做时，交与绍武（王家烈）；绍武不做时，交与用依（犹国材）；用依不做时，交与佩玙（江国播）。不料周以封建意识之戏言，竟成尔后之"谶语"。即启桐梓系觊觎政权之主因。然不学无术之军人闇识政治，恒以此为封建传统之遗诏。其后周死，毛、王相继，而犹未获染指。1932 年冬，当四川军阀刘湘与刘文辉叔侄争权战争之际，犹亦发动倒王之战。此亦旧中国军阀传统之惯伎。川之两刘，黔之王犹，亦不能例外。王家烈于 19 日通电有云："烈部多在西防一带，抽调需时，红军萧克机动神速至感棘手。"云云。这就说明为防犹之故，而不能抽调兵力。除上述防范红军贺龙、湘军陈渠珍、黔军犹国材之外，才说得上以兵力来防堵红军萧克。当红军萧克进贵州之初，王、犹经"后援会"及粤、桂将领分电力劝二人，放弃内部嫌怨，速定御敌大计。后来蒋介石亦迭电关注。王不得已始由三路防军抽调一部移驻黎平等地设防（开始在黎平之周芳仁旅仅七连兵力）。

1934 年 8 月，王家烈与湖南省主席何键派的代表路邦道、潘壮飞二人在贵阳协商"会剿"办法（此二人后来成为蒋介石的耳目）。同时广西李宗仁、白崇禧派代表张蕴良来筑，说："蒋介石必然藉'追剿'红军为名，夺取西南各省政权。"又建议："滇、黔、桂三省出兵，在湘、桂边境黄沙河一带防堵，压迫红军向湖北巴东、秭归方面渡江北上抗日，以免蒋介石'一箭双雕'的阴谋得逞。"

当时王家烈表示同意，唯云南龙云不愿将兵力调离省境太远，因而此计未得实现。后来王家烈由筑到马场坪督师，委省公安局局长王天锡为前敌指挥。其时，湘、桂两军联合部署如下：

（一）覃师指挥所部两团及成铁侠部俞团，由马路口跟踪追击。

（二）军长廖磊、司令李觉率周师及汪团并胡、刘两旅由靖县出发，推进

---

① 犹国材，应为"犹国才"。下同。

至远口之线，觅红军而击溃之。

（三）何平部驻会、靖、通各县防红军萧克回走。

（四）黔阳、辰江两河右岸，亦由代司令李觉派保安团队扼守，并与黔联防。

9月23日，红军萧克由锦屏新花寨、鳌［嘴］^①向瑶光急进。湘军胡旅、谢团抵锦屏，司令李觉到坌处。桂军军长廖磊令覃莲芳^②、成铁侠两部尾红军穷追。

本日，红军萧克在黎平附近与黔军周仁芳部激战。红军萧克部向鳌嘴、南嘉堡急进。先头部队已于21日在瑶光附近暗渡清水江。锦屏县因有"湘黔边区'剿匪'司令部"及李维亚团先事构筑工事戒备。红军萧克乃绕道上游南嘉堡、瑶光之间暗渡。桂军尾追很紧，湘军已赶到锦屏，故锦屏县城无事。

9月24日，萧克军前锋抵烂洞司六十里之大小广停止，继续渡过清水江。

9月25日，红军萧克一部进至凯寨、八卦河，与湘军一部小有接触，红军到剑河、巴野、梁上^③。

湘军胡达旅报告：是日午前二时，便衣探报告说：红军先头向我前进，当电告李司令并饬部注意。拂晓时，红军果与我扼守凯塞〔寨〕之［第］六九四团一部接触，当被击退。同时孟有方面又与我［第］五旅之一部接触，经李司令派兵增援。同时桂军由汉寨方面分途向八卦河敌后出击，［红军］遂被击退。纷纷向剑河巴野、梁上方面行进。本部即由烂洞司搜索散兵。

9月26日，红军萧克到三穗瓦寨，三省军队攻敌于八卦河，萧克到斗五。湘军司令李觉及胡达旅追至瓦寨，李率刘旅及［第］五团驻顺洞，据报红军到汉寨、烂洞司。次日仍回汉寨之线。

黔军镇远行营参谋黄烈侯电：红军萧克被湘桂友军围其于大小广后，即在八卦河活动。宥晨九时，又被三省联军围其于八卦河。萧克已突围西走到剑河县属之斗五地方继续抵抗。三省联军跟追，晨间已迄，正在激战中。红军因粮食缺乏，派数百人于三穗瓦寨一带征粮，被我李维亚团联合民团防堵，仍退回斗五地方。现桂军覃师长及周芳仁旅由大小广、斗五包围。指挥王天锡率兵［第］五、六两团由瓦寨向红军进击，亦在激战中。烈侯率金祖典团并联络区指挥王

---

① 鳌嘴，应为"鳌鱼嘴"。下同。
② 覃莲芳，应为"覃连芳"。
③ 梁上，应为"良上"。下同。

道炽各部，由施秉、洞口顺清水江东下，击红军侧面。

9月27日，红军萧克仍徘徊于八卦河、斗五附近。桂军廖磊率周师自汉寨包围。

9月28日，红军萧克到歘场，一部到巴野、梁上。湘军扼守顺洞及泾洞司、矮子秧一带，选择阵地，构筑工事。桂军廖磊进驻大羊，周祖晃师仍在汉寨。

9月29日，红军萧克由梁上岭、施洞口急进。湘军趋镇远之线截击，胡达旅先头宿滚马，李觉由顺洞移三穗。桂军廖磊推进瓦寨，周祖晃达顺洞。湘桂军联合，覃、成两部跟进穷追。

9月30日，红军萧克走平寨、新城、翁谷陇、黄坳一带，化整为零。

10月1日，红军萧克到堡中，人枪数千，猛扑施、黄之线，黔军激战终日。

红军萧克进入施洞口以后，按照当时一般判断：多以为必攻镇远。因施洞口距镇远只有六十里。而镇远为黔东门户，控荆楚之上游，据湘黔之要道，恃山川之险阻，藉贺龙作声援。以故湘桂两军，均按道直趋镇远，预为防堵。而覃、成两部，始终尾追。卒以红军机动灵活，行踪不定，未能达到追跟目的。迨10月1日，胡达旅到刘家庄（镇远属），廖磊、李觉到镇远。黔军李维亚、刘鹤鸣两团交防后，奉命驰赴施秉，觅敌追踪。适红军萧克由翁谷陇、螃蟹、黄坳、施洞口一带，倾全力作横队分进施秉，至黄平大道洛村落之村口、烂桥、车坡、十里桥等处。王家烈由马场坪移驻黄平督师。闻报，即派龙质彬、江荣华两团出击，王家烈亲到五里桥督战。王天锡亲赴施秉县属之新城、烂桥与廖磊、李觉会商如何分工合作。之后，即率刘鹤鸣、李维亚两团自施秉夹击。从1日午前10时战至2日拂晓。经一昼夜激烈大战双方死亡甚众。

10月3日，红军萧克主力到瓮安县属之老坟嘴、猴场一带，一部到余庆。

10月4日，红军萧克到乌江孙家渡，谋渡不成，乃改由袁家渡、箐口欲暗渡乌江。由于第八团万式炯在各渡口严密布防，红军谋渡不成。

湘军入黔部队，鉴于红军萧克冲过施、黄之线后，李觉、廖磊于1日在镇远会议，湘桂军直取石阡，阻红军东进之路。于是派胡达旅为前卫，李觉次之，廖磊又次之。经羊肠、路濑[①]、大地方、铁厂、马场、白崖河等处行进。谢明强团本日到石阡。

---

① 路濑，疑为"路腊"。下同。

10月5日，红军萧克谋渡不成，转回余庆，宿龙溪。

10月6日，红军萧克到新场，宿本庄。

黔军王家烈瓮安行营虞电：红军萧克经我军在东坡、烂桥、老黄平迭次重创。复经我［第］五团（李维亚）、［第］六团（刘鹤鸣）两团在梭洞追击，红军退至余庆及猴场，希由孙家渡、箐口一带渡乌江，出团溪，北进遵义。因我方第八团万式炯及侯之担派旅长刘汉吾扼守乌江北岸。我王指挥天锡率［第］五团李维亚、［第］六团刘鹤鸣、［第］十三团①皮光泽各团辗转追击。红军于龙溪、猴场等处谋渡未遂。乃沿江北走龙溪、河坝场一带。王家烈虞日亲率［第］一团江荣华、特务团赵兴鉴推进瓮安策应。桂军廖磊军长率部由镇远驻石阡大地方。覃师及成铁侠部，由施秉推进余庆。湘军司令李觉由镇远石阡截击。

桂军廖磊军长由铁厂发电：（一）敝军周师本日由石阡向余庆搜进，一部位置于大地方、路濑，防红军由小路穿过。并派便衣队自骂溪、余庆推进。磊率两团已抵铁厂，分两路向余庆、龙溪搜进。（二）请王家烈主席饬部严守乌江，并东南压迫，俾于乌江右岸再予红军以重大打击。

10月7日，红军萧克到甘溪、走马坪，与桂军激战于甘溪。

桂军军长廖磊虞电：虞日在甘溪与红军萧克遭遇，激战四小时，被我冲为两段，向走马坪折回，我周师、蓝团跟迹猛进，双方伤亡很大，磊率两团准备折回大地方一带截击，李师由本庄向白沙、走马坪，覃师及成旅由余庆，一部由骂溪截堵，免其南下。

10月8日，红军萧克到大地方，适我周师赶到，即猛力攻击，红军退走。

10月9日，红军萧克到路濑。

10月10日，红军萧克到白垛，半夜自余庆行进，被湘军截击，抛弃辎重。

10月12日，红军萧克主力到马坪、马伏堰，一部到紫荆关，向老木山转进。

黔军参谋长谢汝霖由贵阳发电：红军萧克，连日被我攻击于东坡②、烂桥、梭洞、老坟嘴、猴场后，即向余庆属之龙溪行进。现有人枪约三千。我军追到龙溪，该部由太平铺复折回瓮安附近。我军又由猴场截击。该部乃乘夜进至河坝场、本庄，向石阡行进。军长飞电指挥王天锡率部尾追，并电友军堵截，被湘、

---

① 十三团，应为"十四团"。下同。皮光泽兼任第十四团团长。

② 东坡，应为"东陂"。

桂友军追堵于大地方，该部不能东进。

湘军总司令何键电：据报，代司令李觉率部于前日追抵走马坪、廖家屯之线，廖军长率周师抵大地方与之激战后，当派［第］五二团向路濑出击，与红军主力遭遇，正战斗中。廖军长率两团向羊场堵击，并电黔主席请饬清溪军团防堵，并饬各部推进"协剿"。桂军周师张光炜[①]团在路濑与红军激战。红军先占领营盘山，被我猛攻，大部向我右方行进。此股似欲向路濑冲过。李代司令转白沙、平贯、大地方一带扼守，覃、成两部厌日可到施秉，廖军长率周师一部移羊场、路濑之线，覃师仍在追击中。

贵州省主席王家烈自余庆发文电：红军萧克自经大地方一带与我激战后，化整为零。较大之一部约千人，文晨由紫荆关向老木山图走石阡。湘军在金坑、大牛场"清剿"。本军除以一部督团队搜索散兵外，现对较大部分，已派指挥王天锡率［第］五、六等团向石阡、青梅拱追击。参军长陈世过率［第］十三团皮光泽向马坪截堵。王家烈率第一团驻余庆策应。

10月13日，红军萧克一部到黑扣，与我柏辉章师遭遇，现到骂溪。

10月15日，红军萧克第八师删日到板桥去龙头司之间。该部［第］四十九团在距施秉二十里之王家集，该部［第］五十团在云台山，均被湘军击败。

湘军通报：（一）桂军周师苏团由白垛尾追，出大庆与红军接触，红军退走。周师秦团已抵大塘。（二）李代司令除以唐团移驻路濑外，余仍在原地防堵。夕日邀请廖军长，拟明日友我两军各以一部同向红军"追剿"，大部仍驻原防，覃师及成部，真日到金坑、大牛场，桂军周师长率两团到紫荆关前进截堵。黔王指挥天锡率［第］三团向余庆。（三）我成王任本日去云台山，与红军之［第］五十团激战。

10月16日，红军萧克［第］十八师到龙泮洞，与湘军激战后，抵向白沙、本庄，又被黔军［第］十三团皮光泽截击。大部向徐家堰、甘溪方向退走。

湘军代司令李觉电：红军萧克一部至板桥附近，被我刘建文团截击。该部分两路：一路向川岩坝；一路向龙塘前去。又据唐、刘两团报称：到龙塘之红军，与我张营、蒋营激战。

湘军旅长胡达报告：是日，本旅庄在嵩与［第］十九师之张营向龙塘出动。

---

① 张光炜，应为"张光玮"。

据区长报称：红军萧克主力昨晚（15日）在朱家坝宿营，距龙塘五里。目下正经十二里山、关口，到晏家湾、白沙河方面行进等语。蒋张两营，即分向十二里山、关口堵击。红军果然络绎不绝向南行进。我数次冲锋，该部不动摇。蒋营一部绕由核桃湾抄袭，红军不知我军多少，始退去，遂被击为两段。前段走白沙，后段走川岩坝。旋据第三连杨信报称：午后到晏家湾，恰遇红军主力，遇黔军柏师截击回走。职连迎头激战。旅长得报，当晚派［第］六九四团第一营由石阡出发，经雁门关向蒿蓉搜索。

10月17日，红军萧克向斗五行进。

湘军旅长胡达报告：昨派出之营，探闻红军已抵乾河垛，仍由中坝抵白岸，［第］六九四团第三营与谢明强"协剿"斗五之敌。行抵枫香坝，正准备向平次与红军激战，红军一部经盘龙坳东行。大部走干河坝之高山中。

10月18日，红军萧克部约两千人，至平贯、马桑坪，过石岭大道，经公鹅走去。当此之时，中央红军已自赣出动，入黔"追剿"之湘桂两军准备各回原防。廖磊、李觉联名电劝黔军副军长犹国材出兵"剿共"。因犹走西路按兵不动。

黔军通报：10月20日，红军萧克本人率一部皓日经平寨去石阡，江口大道之公鹅，向印江方面行进。21日，红军贺龙由乔家铺南进天中井，企图与萧克会合。22日，王家烈、廖磊、李觉三省军阀首脑会面于石阡。正商讨"追剿"大计，适因中央红军长征，蒋介石命湘桂两军班师回省。所有"追剿"萧、贺任务交王家烈担任。10月28日，红军萧克进入石梁大河。王家烈派刘民杰为前敌总指挥。并令李成章率［第］二、三两团及宋华轩团为一路；王天锡指挥［第］五、六、九各团为一路；柏辉章率杨怡烨、蒋德铭两旅为一路。各路分途"进剿"。10月30日[①]，红军萧克、贺龙两部领袖会合于南界[②]。

（选自贵州省政协文史资料委员会编：《贵州省政协文史资料存稿选编》第1卷，贵州人民出版社2006年版）

---

① 10月30日，应为"10月24日"。红军萧克与贺龙两部会师是在1934年10月24日。
② 南界，应为"南腰界"。

第四路军对湘鄂川黔边区的"围剿"
和"追剿"入滇的概况（节录）

⊙郭雨林[1]

　　1934 年 10 月，在赣红军突围入湘，蒋介石于 11 月 14 日任命西路军总司令何键为"追剿"军总司令，指挥其原领的第四路军及薛岳、周浑元等部蹑追之。何乃由长沙移驻衡阳（其参谋长郭持平随行），区分"追剿"军为五路：第四路军为第一路，以第二十八军军长刘建绪为司令；第三路军为第二路，以该路军总指挥薛岳为司令；第三十六军为第三路，以该军军长周浑元为司令；第二十三师为第四路，以该师师长李云杰为司令；第五十三师为第五路，以该师师长李韫珩为司令。全军成多数纵队取广正面向湘桂黔边境"追剿"。到达湘黔边境后，复将军队区分改为两个兵团，以第四路军的各师及李云杰、李韫珩两师组成第一兵团，派刘建绪为总指挥；以薛岳、周浑元等部组成第二兵团，派薛岳为总指挥。时我任第二十八军军部即第一兵团指挥部作战参谋，随军行动。至 1935 年刘建绪任总指挥后率部"追剿"入滇，我仍任总部作战参谋，后任作战科长。

　　11 月 30 日，刘建绪统率第十五师王东原部、第十六师章亮基部（原师长彭位仁在上月以"剿共"不力被何键撤职，章以旅长升代师长）、第六十二师陶广部、第六十三师陈光中部等共四个师与红军在全州之觉山、朱兰铺[2]一带接战。其后，何键即由衡阳移驻邵阳，令薛、周等部经洪江、晃县、镇远继续西追；李云杰、李韫珩两部向黔东北地区进出。时李觉的第十九师在"追剿"

---

① 作者当时系国民党第二十八军军部作战参谋。
② 朱兰铺，亦作"珠兰铺"。

萧克将军的红军到达贵州石阡后，回防湘南，先以之集结零陵，准备参加"堵剿"；旋又调赴湘中。

12月中旬，原在湘鄂川黔边区的红军第二、六军团，以一部入桃源、攻常德，驻常德之黔军罗启疆旅（辖三个团）及湖南的一个保安团凭城固守。时李觉师已由湘南开抵益阳，何键委李为第六路司令，使之驰援，围已解。旋川军郭汝栋师由赣北开抵常德，何键委郭为第七路司令，令向慈利进击。已抵石门之鄂军徐源泉部张万信师亦向慈利续进。红军遂返漆家河。

1935年1月，何键由邵阳移驻常德，郭汝栋、李觉、张万信等师抵慈利、大庸、桑植境。中旬，北上红军已渡乌江，红二、六军团集大庸。何键令刘建绪抽调陶广、章亮基两师，后又抽调王东原师的汪之斌旅向大庸、永顺境进击，连同先到湘西之李、郭等师，统由何键直接指挥，担任对红二、六军团之"进剿"（但何仍回驻长沙，对部队行动以电报遥制）。刘建绪则率陈光中、李云杰、王东原等三个师（王师缺汪旅）转向湘黔川边境，驻守酉阳、秀山，并在思南以南亘沿河至四川龚滩、乌江东岸之线构筑工事，防堵北上红军"回窜"，刘驻铜仁指挥之。

何键对红军东攻西守之部署既定，也就造成了对新编第三十四师陈渠珍部包围的态势。（陈渠珍当时号"湘西王"，拥其土著部队久驻湘西，形成割据局面者多年，为何键之军令政令所不及）24日，何键发布命令，饬陈师按乙种师（三旅六团）编制改编，由总指挥部按月点名发饷（该师原有李可大、顾家齐、周燮卿、龚仁杰、戴季韬等五个旅共十多个团），余枪收缴，余员遣散。其自立之地方武装名目，自设的军械修理、制造机构，自设的税收关卡等概予撤销（原令十项，我不能尽忆）。陈迫于大势，悉顺受之。

（选自中国人民政治协商会议全国委员会文史资料委员会：《"围剿"边区革命根据地亲历记》上册，中国文史出版社2018年版）

设置四道封锁线
追堵中央红军

追堵长征红军的部署及其失败（节录）

⊙晏道刚 [①]

　　1933 年（在国民党军第四次进犯中央苏区后期）何应钦任我为国民政府军事委员会委员长南昌行营第一厅副厅长，处理作战业务。1934 年 3 月，蒋创设侍从室以统率其随行人员，调我为侍从室主任。在举世闻名的中央红军二万五千里长征的过程中，我随蒋往返于重庆、贵阳、昆明、成都、西安等地策划追堵。因此对追堵红军的内幕大体有所了解。

　　……

蒋介石得悉红军西移时的决策

　　1934 年 9 月底，蒋介石认定江西围攻的大势业已完成。他每和我们谈论形势时，洋洋得意地说："湘赣边红六军团是在西路军围攻下站不住脚才不得已而西移的。孔荷宠投降是红军瓦解的先声。"以此显示他的指挥比别人高明。在谈到红军历次提出北上抗日及合作抗日时，他总是说："他们有什么力量抗日，无非是诱使我军放松包围。"他强调说："不消灭共产党就不能抗日，因此我们更应对共军加紧包围，聚而歼之，不使漏网。"这些谈话正是暴露了蒋介石的既定政策。

　　国内舆论自《塘沽协定》之后到第五次"围剿"后期，对蒋不抗日专反共的搞法早已不满，华北人民尤其激烈。蒋认为这都是对共产党同情，对"围剿"非常不利。为了便于一心对付红军，收最后围歼之功，约在 1934 年 10 月上旬，

[①]　作者当时系国民政府军事委员会委员长南昌行营第一厅副厅长，蒋介石侍从室主任。

蒋偕宋美龄下庐山去华北视察，杨永泰和我随行，历经北平、察哈尔、归绥、太原、西安各地，分别接见了当地军政首脑。当时北平行营主任何应钦回南京去了。蒋在北平接见的，有原东北的军政人员莫德惠、王树常、马占山、苏炳文、米春霖、邹致权（张学良之办事处主任）等，在察接见宋哲元等，在归绥接见的有傅作义及蒙旗德王、云王、沙王等，在太原与阎锡山密谈多次，在西安接见杨虎城、马鸿逵等。蒋对这些人大肆宣传他那"不是不抗日，是共产党拉住了后腿，非消灭共军不行"的反动谬论，争取大家同情他反共，以缓和国人对他不抗日的攻击。

10月中旬突接南昌行营转来情报，知道红军主力有突围模样，前锋已通过信丰江（即桃江），蒋鼎文东路军先头已由长汀逼近瑞金。于是蒋介石匆匆赶回南昌，立即召集杨永泰、熊式辉、林蔚、贺国光和我商谈对策，议论纷纷，对红军行动方向做了如下判断：

（一）由赣南信丰入广东。蒋认为：红军利在乘虚，如进入粤境，逼得粤军不得不拼命抵抗，倘被前后夹击，是难于立足的，那是他们的不利之路，去了亦无足为虑。

（二）从赣南经粤湘边入湘南，重建苏区。蒋认为赣粤湘边区是政治上的薄弱点所造成的军事薄弱点，且中央红军入湘后有与贺龙部会合之利，应加重视。

（三）进入湖南后出鄂皖苏区再北进。蒋认为这是当年太平天国北进路线，政治上威胁较大，可以考虑。

（四）经湘西入黔、川再北进。杨永泰以为还要考虑红军尔后渡长江上游金沙江入川西的可能性。蒋说："这是石达开走的死路。他们走死路干什么？如走此路，消灭他们就更容易了。"

随后蒋还对大家说："不问共军是南下或西行、北进，只要他们离开江西，就除去我心腹之患。"又说："红军不论走哪一条路，久困之师经不起长途消耗，只要我们追堵及时，将士用命，政治配合得好，消灭共军的时机已到，大家要好好策划。"

1934年10月18日，红军西移前锋迅速达到赣湘粤边。从国民党东路军占领瑞金所得资料中已明确：红军不是战术机动，而是战略转移；不是南下，而是西进。蒋介石在南昌于是日下午7时召集我和贺国光谈，拟定初步追堵的计划要旨，限9时以前发出电令。当时我正患偏头痛，勉力支持草拟计划电文，每隔十几分钟蒋即以电话催问贺国光是否拟就。贺对我说，蒋似迫不及待，挂电话听筒之声甚重，要我迅速草拟让他去看算了。依计划要旨发出的电令大意有：（1）西路军何键部除留刘膺古纵队于赣西"清剿"外，主力悉调湘南布防，依湘江东岸构筑工事进行堵截，并以有力之一部在粤湘边境堵击，该路总部移驻衡阳；（2）南路军陈济棠部除李扬敬纵队留置赣闽边"清剿"外，主力进至粤湘边乐昌、仁化、汝城间地区截击，该路军总部推进至韶关；（3）第四集团军主力集中桂北，总部移至桂林；（4）北路军顾祝同部以第六路军薛岳率所部包括吴奇伟、周浑元两个纵队担任追击。

"追剿"军前敌总指挥委何人担任的问题，蒋初意是陈诚，而陈却保荐薛岳。后来蒋同意以薛岳充任，决定抽出九个师的兵力归薛岳率领；陈诚则任预备军总指挥，集中亟待休整的嫡系部队作为机动兵团策应各方面的需要。迨11月上旬，红军先头到达粤湘边，蒋认为何键原是西路军总司令，红军进入西路作战地境，一面明令发表何键为"追剿"军总司令，一面命我电告何键指明薛岳所部入湘后悉归何统一指挥。但蒋并未把这样做可将何键部调离湖南而使何键更易受控制的企图明确告知薛岳。这件事曾引起狂妄自大的薛岳不服。我当时对调动嫡系及何键的部队没有顾虑，只想到两广是半独立状态，不如湖南那样基本上能控制得住，蒋粤、蒋桂之间疑忌很深，粤桂怕中央军嫡系乘机入侵并不下于怕红军。当蒋命我严电陈济棠、李宗仁全力防堵时，我曾对蒋说："粤桂是否依我们的计划办事乃是防堵的关键，应派员妥为联系才能贯彻命令。"蒋说："你不要管，命令只管下。他们不照我的命令行事，共军进去了他们受不了，他们执不执行我的命令是第二步。"几句话使我进一步认识到蒋对粤桂的阴谋诡计。

11月间，追堵部署初步完毕，蒋介石即调整留在江西各"围剿"部队的部署，分区消乡，划定好几个"绥靖区"，订立各种清乡规章，采用所谓"剿抚"兼施的毒辣手法来危害人民。军事部分由第一厅主办。政治、经济、文教部分由第二厅和办公厅主办。同时借口红军可能去西南，蒋介石把他策划已久的组织参谋团入川的计划乘机拿了出来，决定以行营参谋长贺国光为主任率参谋团进驻重庆，统帅川黔各部配合作战。

在粤湘桂边布置各道封锁线和追堵措施

粤湘桂边区封锁、追堵红军的部署和战役，自始至终都是蒋介石亲自在南昌指挥的。名义上何键是"追剿"总司令，薛岳是前敌总指挥，事实上在派系林立下的国民党政权内，牵涉到三四个省、上十个军（粤军两个军、湘军三个军、桂军两个军、薛岳所率嫡系三个军）三四十万兵力规模的行动，即令蒋介石亲自出马也不可能指挥得好，因此始终是以南昌行营这套机构在那里敷衍行事。

红军西进，于10月下旬突破赣南余汉谋部的封锁线（即第一道封锁线），蒋介石即电陈济棠、何键出兵火速在汝城、仁化间阻截（即第二道封锁线），并指示他们分兵在乐昌、郴州、宜章、临武间沿粤汉路南段利用原有碉堡加强工事做防堵措施（即第三道封锁线）。当时湘军主力已来不及向粤边靠拢，只能次第集结于衡阳、郴州间，在汝城守备的只有陶广所部一个旅。粤军第一、二军主力及几个独立师原已集结于湘粤赣边，这时陈济棠令李汉魂统率独立第三师、独立第二旅及第二师赶到乐昌、仁化、汝城附近进行堵截。11月上旬（9、10日左右）粤军和红军在延寿圩、靶子场、珊瑚岗附近激战两日，陈济棠曾向蒋告捷，虚报伤亡及俘获红军人数，发现中央红军第一、三、五、九等军团番号。蒋介石认为延寿战役是弄清红军情况最有意义的一仗（在这一仗以前行营命空军侦察红军动向，总是找不到真实具体的情况）。与此同时，何键以原在湘南的一个旅（旅长钟光仁）守汝城，在11月上旬也与红军打了几天，没有激烈战斗，估计红军对汝城意在牵制。何键向蒋介石告捷，无非表示湘军反共是卖力的，在湖南境内抗击红军他是舍得牺牲的。自11月上旬经过湘粤边阻截之后，蒋介石自认为对红军情况已经比较明了。

蒋介石为了对付红军长征的行动（当时称为突围）虽考虑了几个方案，而在他心目中最害怕的是红军在湖南重建根据地，怕中央红军与贺龙所部红军会合，将来在鄂湘川黔建成一片苏区。故当11月中旬红军主力先后行进至郴州、耒阳、衡阳之线后，蒋认为红军已经"流徙千里，四面受制，下山猛虎（指红军放弃根据地），不难就擒"，乃以在湘江以东（即第四道封锁线）"围歼"红军为指导方针，令何键、薛岳在衡阳开军事会议。

当时蒋指示何、薛的部署要旨有如下几点：

（一）以第二十八军刘建绪率章亮基、李觉、陶广、陈光中四个师，即开广西全州依湘江东岸布防，与灌阳夏威所率的第十五军切取联系，进行堵截。

（二）以吴奇伟率第四、第五两军主力韩汉英、欧震、梁华盛、唐云山、郭思演五个师（这五个师是归薛岳直辖的），沿湘桂公路进行侧击，保持机动，防止红军北上（怕与红二、六军团会合）。

（三）以第三十六军周浑元率所辖谢溥福、萧致平、万耀煌师尾追红军，取道宁远进占道县加以确保，防止红军南下进入桂北。

（四）以第二十七军李云杰率王东原师及其所兼之第二十三师，取道桂阳、嘉禾、宁远，沿红军前进道路尾追。

（五）以第十六军李韫珩率所兼之第五十三师，取道临武、蓝山，沿红军前进道路尾追。

这个五路进军的湘江追堵计划，蒋介石是很用了一番心机的。他处处从人地相宜着想，认为何键与李宗仁、白崇禧有私交，以湘军入全州，彼此不会猜忌，必能合力封锁湘江，堵住红军去路。桂北设有民团，亦可使过境红军遭到一些困难。李韫珩、李云杰都是湘南人，所部多系嘉禾、宁远子弟兵，跟踪追击地势熟悉，可收地利人和之便。蒋介石认为，以精锐之周浑元军抢占道县，压迫红军西进，吴奇伟军沿永州西进，阻遏红军北上，企图逼使红军强渡湘江，形成在大军前堵后追、左右侧击之下于湘江东岸进行决战的有利形势，必能造成红军最大伤亡；如果红军不渡湘江则只有转入粤北或桂北，当时陈济棠已有好几万人集中粤湘边，红军欲仓促建立苏区亦不容易。当蒋在南昌决定这一计划时，我个人也认为红军在战略上已陷入不利态势，是否能渡过湘江、潇水这一条地障，的确是红军成败的一个大关键。

蒋介石在下达命令时，怕他的部属不认真贯彻执行，叫我引用古代兵家尉缭子的四句话"众已聚不虚散，兵已出不徒归；求敌若求亡子，击敌若救溺人"写进电令中。他希望部下能够依照他的计划行事，依托有利地形，发挥优势兵力，上下同心，追得上，堵得住，好好打一个歼灭战。

当红军先头部队越过粤汉铁路宜章、临武地区，蒋在指示何键、薛岳部署的同时，曾电陈济棠派兵进占连县、星子防堵，并指定李汉魂（由于延寿战役见重于蒋）率两三个师编一个纵队进至蓝山、江华地区防堵红军入粤。那时蒋为利用粤军参战，要我们在电令措辞上尽量客气，特别是对粤军仁化、延寿之役一再嘉勉。

红军进入湘粤边时，蒋只命白崇禧在桂北防堵；当红军进据湘南后，蒋即电白崇禧集结桂军主力于灌阳以北各关口，与湘军合力在湘江东岸"消灭"红军，并要白崇禧至灌阳指挥。这时蒋介石为了利用桂军，特别发了一笔相当大的军费（具体数字记不清）。总之，蒋介石是挖空心思策划湘桂军联合作战堵击红军，唯恐不达目的。

湘桂边的追堵战役进行的时间将近两周（由1934年11月21日至12月2日），真正苦战的时间约为一周，使用兵力二三十个师。这个时期，蒋介石是聚精会神，行营则函电交驰。陈诚自调预备军总指挥后，基本上是呆在蒋介石身边，赞助策划。由于薛岳唯陈诚之命是听，因此第六路军的行动多由陈直接秉承蒋的意旨行事。有时蒋陈密议的问题，作为侍从室主任的我，也不知道。在11月下旬会战开始后，蒋介石曾亲笔写信给第六路军薛岳以下各军师长，诬蔑红军为"流寇"，认为这次向西突围已"势空力蹙"，规定该路军九个师以穷追为首要任务，信中且有"毋容红军再度生根"等狂言。蒋惯于用权术收揽部属为其卖力，他自己写信频繁，内容不给别人知道，我只是事后与蒋闲谈中了解一些（当时蒋派有飞机一队驻衡阳助战，蒋的信件均由我通知飞机空投）。

在战役过程中，战报雪片飞来，我阅后凡属重要的即交给蒋的机要秘书汪日章摘要转给蒋看。我素知陈诚、薛岳见重于蒋，蒋对薛的来电比较重视，因此薛岳的来电在当时是不能积压的。至于这个仗是怎样打的，时隔太久，只能记忆大概如下。

（一）薛岳所率吴奇伟部及直辖部队，由于红军不是由永州北上与红二、六军团会师的，该部在湘南境内没有战斗。但薛对何键的湘军及白崇禧的桂军这样摆长蛇阵未阻止红军通过湘江，曾向蒋表示他的不满，对白、何等怕中央军抢地盘的处置也有所揭露。这一点我当时是理解到的。薛岳所率周浑元部，这次也没有大的战斗。唯该部抢先占领道县，使红军行动受阻，达成战略任务，曾受到蒋的嘉奖。

（二）湘军刘建绪部在全州觉山堵击红军两天。红军主力是从觉山以南的文市向界首渡湘江的。刘建绪及何键向蒋告捷，虚报伤毙红军人数。他们为逃避湘江失守之责，曾指控桂军撤出文市以南各关，私自转移兵力并未通报友军之罪。何键、刘建绪作战一贯耍滑头，我知之甚深，对他们这种所谓捷报，我心里很明白。但嗣后蒋介石未曾追究湘江失守的责任，还给何、刘两人嘉奖。

非何键嫡系的湘军李韫珩部由于进入湘南时间迟，沿途没有和红军接触。湘军李云杰部在宁远天堂［圩］及湘江东岸的下灌、水车附近与陈光中部合力对红军后卫作战，蒋介石对李云杰也有嘉奖。

（三）桂军白崇禧所指挥之夏威、廖磊两军在前线的部队，为保全实力，未照蒋介石的指示扼守灌阳以北完成堵击任务，自动撤至灌阳、兴安间新圩附近占领侧面阵地，阻击红军掩护部队，打了两天，红军主力即安全渡过湘江。事后，白崇禧亦来电虚报战果。这件事却大伤蒋介石的脑筋，既不敢责备，又不愿嘉奖。

当此战役最紧张的时刻，蒋介石在南昌心神焦急，随时查询部队到达位置，计算红军实力。当时行营综合各方来电，估计红军渡过湘江向贵州前进途中实有兵力不过三四万人，认为红军牺牲、损耗很大。唯蒋介石意犹未尽，责怪桂军避开正面，以致功亏一篑。

自从红军突围后，我们在蒋身边的一些人闲谈时，总说追堵部队谁也不愿猛追强堵，怕接近红军被红军反击挨打，采取的是"送客式的追击，敲梆式的防堵"。国民党军不得人心，士气不振，于此可见一斑。

（选自中国人民政治协商会议全国委员会文史资料委员会编：《围追堵截红军长征亲历记》上册，中国文史出版社1991年版）

"一箭双雕"阴谋的破灭

◎魏鉴贤[1]

1934年10月下旬，红军开始向南康、信丰等地之广东部队第一军防线进攻，蒋介石指定薛岳担任"追剿"总指挥，拨归他指挥的部队有：第四军吴奇伟部，第五军（薛兼军长），第三十六军周浑元部，以及刘建绪的三个师，总数不下十万人。

薛岳受命之初，心中很不愉快，他曾对陈芝馨说，由于任务繁重，自己嫡系部队太少，难以胜任，表示要在适当时机提出辞职。据陈芝馨说，跟追部队原拟由陈诚担任指挥，薛任副职，后因蒋介石考虑到江西方面困难重重，须由陈诚负责，同时红军正向南进攻广东部队，蒋以陈诚指挥北路军向南压迫，迫使红军退入广东，而由薛岳率部追入广东较为人地相宜。这既可"消灭"红军，并能铲除广东陈济棠的割据局面。这就是蒋介石"一箭双雕"的阴谋。陈诚曾为此事向薛岳打气，把蒋介石的入粤意图告诉薛岳。他对薛岳说，入粤倘遇棘手问题，有他留在背后，就好转圜并可全力支持。这样，薛岳就怀着回粤称霸的野心，高兴地走上追堵红军的征途。

为了堵塞红军西进道路，蒋介石一面布置跟追，一面命令广东、湖南军队布下三道防线，堵截红军：第一道防线，北起江西赣州经信丰，南迄广东南雄，由广东部队负责；第二道防线，北起湖南汝城，南迄广东仁化，由湖南部队负责；第三道防线，沿着湘粤公路北起郴县经宜章，南迄广东乐昌，由湖南和广东部队负责。

薛岳部队于10月下旬先后由江西沙溪、龙冈等地出发，向万安、遂川地

---

[1] 作者当时系国民党第四军军部参谋。

区集结。薛岳总部于行进途中，迭接南昌行营和广东余汉谋电告，红军主力连日与余汉谋部发生激战，余部被迫退守赣州、信丰、大庾、南雄等几个城市据点，红军主力从信丰、南雄间向西突进。薛岳得悉红军主力已通过余汉谋部防线，先头部队于26日到达大庾，正向湘粤边境西进中。因此，薛岳不能不放弃他从赣南出击迫使红军退入广东的计划，而寄希望于第二及第三防线，能迫使红军入粤。此时，薛岳命令主力部队第四军及第五军经遂川向汝城前进，一部经桂东向资兴前进。薛岳本人于11月中旬到达湖南衡阳。薛岳把主力部队集结于汝城附近，希望湘军刘建绪部能守住第二道防线。但是，刘部纷纷从汝城前线败退下来，逐步转移阵地，所谓第二、第三道防线作战计划，又成一纸空文。薛岳眼见红军突破〔第〕一、二、三道防线，不能实现他入粤计划，在衡阳曾打电报给陈诚表示不干。陈诚复电慰勉，并亲到湖南与薛岳见面，恳切挽留。薛岳打消辞意后，重上前线，一度到祁阳部署部队。

红军越过粤汉公路线后，直向西进。蒋介石判断红军此一目标是指向湘西，与湘西红军会合。他为了调解何键与薛岳的权力之争，改令薛岳为前敌总指挥，刘建绪为副总指挥。薛岳表面接受何键指挥，实际上他是不买何键的账的。

蒋介石根据他的判断，把薛岳和刘建绪两部主力配置于零陵至祁阳南段；同时分令广西、广东部队配合，形成包围态势，妄图压迫红军于蓝山、江华地区。但是，桂系军阀为了保守地盘，把广西部队十多个团主力集结在湘桂边境，主要是阻拦红军突入广西，却也不让蒋军跟随红军入桂。周浑元先头部队二个连进入湘桂边境的文市（属广西）附近，就被桂军缴了枪，事后宣称出于误会，将人枪放回。这样，红军就从蓝山、宁远分兵西进，突破广西侧面威胁，直到清水关，通过湘桂公路，继向贵州前进。蒋介石的包围计划至此宣告彻底破产。

（节选自《随薛岳所部追堵红军长征的见闻》，载中国人民政治协商会议全国委员会文史资料研究委员会编：《文史资料选辑》第六十二辑，文史资料出版社1983年版）

奉命"追剿"

⊙何 键[①]

　　先是朱毛"股匪"盘踞赣南，其势甚张，号称数十万，"匪"化数十县。今总统蒋公时任军事委员会委员长，见"匪"势日炽，乃移节南昌，组织行营，统筹规划，躬亲督饬各军师及党政机构"围剿"，以七分政治、三分军事之策略，使"匪"消灭。部署之始，分组为南北西三路，陈济棠为南路军，顾祝同为北路军，予承乏西路军。本路军之作战地区，为赣江以西，长江以南，赣州至曲江以北均属之，划归指挥部队约二十余个军、师及独立旅。奉命后划分本作战地境为三个"清剿"区，以刘建绪任第一区司令，驻莲花；刘膺古任第二区司令，驻万载；陈继承为第三区司令，驻大冶。分别将部队及党政机构赋予指挥，总司令部驻萍乡，于本年秋开始清剿。基于政治重于军事之策略，先加强各地之党政机构，使能随军组训民众，肃清残"匪"，并动员民众，协助军队。各"清剿"区则令节约地方守兵，集结主力，划区对"匪区"严密封锁，使其内外交通断绝。"围剿"之态势形成，则四面步步为营，齐头并进，逐次建筑碉堡线，使"匪区"范围日渐缩小。数月后成效大著，"匪化"地区大半收复，俘获极多，"匪"部则送感化院，胁从民众则重编保甲，派员督训。实施后，各方面均能遵照计划，顺利进行。迄至二十三年[②]夏，各"匪区"之范围益小，"匪"遂无法生存，于是藏于万载山地巢穴之"匪"首孔荷宠，先率部投诚。萧克"匪部"，虽素称凶悍，其最后盘踞于永新山地巢穴，亦终于不能立足，即于此时于永新南部突围西窜，所有原在本路军方面之大小"股匪"，及"零匪"约十数万人，

---

① 作者在1933年第五次"围剿"时任西路军总司令；1934年10月后，改任"追剿"军总司令。
② 此处为中华民国纪年。民国二十三年，即公元1934年。

经我部队及党政人员一年来之努力"清剿"，已大致肃清，仅萧克残部二三千人①得以侥逃。萧"匪"西窜时，本军派［第］十六、十九两师，分途在湖南地区堵"剿"追击，途中亦屡予重创，追至贵州，因朱毛"股匪"西窜而中止。在赣南盘踞多年之朱毛"匪部"，经我南北两路军之"围剿"，亦不能继续生存，迄至本年10月初，从赣南渡过赣江，沿五岭山脉，向西逃窜。本轮军奉改为"追剿"军，薛岳所部数个师，亦划归本军序列。予奉命后，即命薛岳所部，尾"匪"追击，命刘建绪统率原在赣西及湘东各部约十余师，沿湖南各平行道路，分数路星夜向零陵、黄沙河之线集结，与桂军协商，预期于"匪"窜至广西全县平堤时，协同夹击，一举而将其歼灭之，永除后患。10月下旬，"匪"见我军部署已定，不敢骤向西窜，徘徊于江华道州之线十余日。嗣后"匪"诱我转移重点，以一部猛攻桂林北部龙虎关，故作侵入广西之态。桂军被诱，乃转移兵力至桂林，使兴安变成空虚，"匪"遂乘隙窜过兴安、咸水西逃。此时本军主力早已集结全县附近，见"匪"林彪部第一兵团（约四师），忽占领全县南之觉山，对我警戒，乃觉"匪"已窜到平地，遂即命刘建绪率部向觉山之"匪"攻击。经一日之激战后，乃将"匪"击破，俘获人枪数千。次日追至兴安、咸水，"匪"已大部窜到湘黔边境，综合判断，决心转移兵力至湘西南边境新宁、靖县、通道、城步数点，拟由此分途向其南方"匪"之行军道路截击，将其截成数段，期能于此期中，将其歼灭。不料"匪"之行动迅速，先我一日窜过，致又未能达成希望，惭悚万分，正在"追剿"途中，忽萧克"匪部"又窜到永西、永保、龙桑一带，会同贺龙所部约二万人，攻城陷邑，声势又振，本军奉命转移兵力，对萧贺追击，"追剿"任务奉交薛岳负责。嗣后本部移驻常德，督饬各部对萧贺"清剿"，一年以后，幸告肃清。萧贺西窜后，本部改为长沙绥靖公署，四路军奉交刘建绪统率。

（选自《"国史馆"现藏民国人物传记史料汇编》第二十辑，台湾"国史馆"编印，1988年。本文标题为选入时本书编者所拟）

---

① 萧克所率领的红六军团西征时的人数为九千七百余人。

红军借路西行谈判情况点滴

⊙秦庆钧 [1]

1943 年 5 月，我被任为抗战时期广东省人大后方的平远县县长。得严应鱼先生之介，与武平抗日游击队商谈，共同努力保卫平远。某日，与严先生夜宿于七礤严氏别墅，山野人静，联床夜话，无所不谈。严先生历述 1934 年间秉承陈济棠命与红军商谈协定停战的经过。1945 年初我到梅县，县长温克威请客，当时协定停战的主角黄旭南、杨幼敏亦在座，但绝口不提此事。解放后多年亦未见当事人提及。这使我十分怀疑：协定停战，放开堵口，让红军远征，究竟是否事实？直至 1982 年何长工发表《难忘的岁月》，其中"粤赣风云"一章，畅谈协商停战的情形并影有朱总司令的手令为证，这案才大白于天下。严氏告诉我的情节大体与"粤赣风云"所述相同，但还有些细节可做补充。

严应鱼字碧生，平远县仁居乡人，早岁毕业于日本陆军军官学校炮兵科。是时任陈济棠的独立第一师第二旅少将旅长，长期驻在赣、粤、闽边——即寻乌、平远、武平三县的交界处。其师长为黄任寰，字旭南，一般人尊称他为"旭公师长"。《难忘的岁月》中误为黄旭初，黄旭初系广西省政府主席，不属于陈济棠系统。

1934 年 7、8 月间，蒋介石电令陈济棠增兵"围剿"江西苏区红军。陈即转电黄师严旅进往。严旅长立即率领第四团（团长李恒中）、第五团（团长陈绍武）、第六团（团长伍汉屏）抄小路进入江西寻乌前线。并派出第六团工兵营长黄德毅沿路掘壕、建堡、设网、架炮，以困苏区，严阵以待。旅部则设于寻乌县的罗塘镇。严旅部下多是武、平、寻的子弟兵，与苏区的红军不无香火

---

① 作者于 1943 年任广东省平远县县长。

因缘，现在虽严厉对垒，仍不愿互相残杀，故始终两方都未开过一枪。

蒋介石这种借刀杀人方法，陈济棠熟知，但无法公开抵抗，不能不予敷衍。周恩来、朱德利用蒋、陈间的矛盾，向陈宣传中国人不要打中国人，同胞不要互相残杀，枪口应一致对外的道理。陈氏当即接受并派第七师师长黄质文、第一集团军总部杨幼敏赶到罗塘与黄旭南师长会同，作为代表，和红军商谈停战协定。红军方面派出何长工、潘汉年为代表。严旅还派旅参谋长兼军法处长韩宗盛负责会谈的接待工作。

严旅长派出其特务连（警卫连）连长严直迎送何长工、潘汉年两位代表，并负警卫保护之责。严直是广东新会人，严旅长的心腹，故派他负此重任。轿夫四人原是湖南人，其后都落籍于平远仁居乡。其中一人名李春凌，现尚健在，据他回忆，何、潘俱"斯文"，和蔼可亲，轿到罗塘镇，何送给轿夫每人大洋一元。广东都行使"双毫"，见到大洋甚觉名贵，将它储藏不用。何、潘两代表到罗塘镇后，住进旅部在该镇的小洋房的二楼。黄质文、黄旭南、杨幼敏即住楼下；会谈在二楼的会议室内进行。

停战协定签订后，严旅长并奉命以大量食盐送给红军，随又赠送子弹几百箱与红军。

以后红军突围不是向东南寻乌、武平，而是向西南。由于都经信丰，沿着大庾岭边缘而进入广东边界。陈济棠执行协定，在湘粤边境划定通路，让红军通过。惟是仍装模作样，派出部队堵截，沿途筑碉挖壕，架设枪炮如临大敌。但秘密通知各高级将领，谓共产党只借路西行，保证不侵入广东境，互不侵犯，应饬属做到"敌不向我射击不得开枪；敌不向我袭击不准出击"。当时负责指挥警卫旅的少将副旅长兼第二团团长黄国梁是增城人，与叶剑英系云南讲武堂的同学，极不愿意碰到相打，接到这互不侵犯指令，心情舒畅，多方设法饬属避免与红军接触，让红军安全通过。

这种事情蒋介石不会不知道，闻曾有电向陈济棠谴责，但当时陈的兵力雄厚，蒋无如之何。后来用收买、分化的手段，才将"南天王"推倒。严旅第四团团长李恒中"升调"到南京，不久亦为蒋借故枪毙了。

（选自中国人民政治协商会议全国委员会文史资料委员会编：《围追堵截红军长征亲历记》上册，中国文史出版社1991年版）

红军长征时陈济棠部队动向的片断回忆（节录）

⊙黄若天[①]

1934 年春，陈济棠邀请西南政务委员会委员白崇禧从广西来粤，共商防蒋防共军事大计。白崇禧来粤后，做了赣南之行。走了一个多月，经过赣州、南康、大庾、信丰、安远等县，最后到达赣闽粤交界的筠门岭。

白崇禧去赣南返穗后，向陈谈了此行的观感。陈便召开了一个由军参谋长以上将官参加的会议，会中白报告了此行的见闻，做了形势分析。

他说："……蒋介石采纳了德国军事顾问的意见，对共产党采取了公路碉堡政策，使对共产党的包围逐步缩小。这一战略战术有了显著的效果。如果共产党继续留在江西，将会遭到防地愈缩愈窄的失败危险；如果要求生路，必须做战略性的转移。至于共产党转移的出路何处，这是个关键问题。从地形判断，以走湖南和广东的可能性较大。由南康、新城、邓坊、韩坊一带可入湘南；由古陂、重石、版石一带可入粤北。根据当地防军汇报，近日在上列邓坊、古陂等地，每隔十日左右，常发现共产党军官乘骑，少者五六人，多者七八人，东张西望，用望远镜进行地形侦察。这很可能是共产党准备突围的象征。至于共产党突围的时机，我估计在秋冬之间。那时正是农民收获季节，可以解决粮食问题。否则千里携粮，为兵家所忌。"

自此次白崇禧做过局势分析之后，陈济棠逐步加强了粤北的部署。陈汉光的警卫旅，李汉魂的独立第三师，张达的第二军一部，都先后布置在粤汉线西侧，明显受了白崇禧估计的影响。

……

---

① 作者当时系国民党第一集团军警卫旅第二团少校团政训员。

红军长征前夕，1934 年 6、7 月间，红军出动了一个较大的部队，由赣南进入湘南蓝山、嘉禾一带，似对地形做威力的侦察。

这时，陈济棠的直属部队——驻广州近郊江村、高塘的警卫旅第二团，奉命紧急移防连县。到连县后，做防止红军入粤的部署。第一营开往东陂布防，监视蓝山方向；第二营开往星子布防，监视临武、嘉禾方向；团部直属队和第三营则驻县城，做固守城防的部署。

部队到达连县时，又调来独立第三师第二团李绍嘉部增防，并归警卫旅副旅长指挥。当时指定李团直属以及第一营配置在县城；第二营在阳山县城和黎埠圩；第三营位于阳山的青莲和英德的大湾、浛洸，作为援队。

在连县驻防了两个多月，据报红军已返苏区。警卫旅第二团于 9 月初奉命移驻翁源，独〔立第〕三师第二团仍驻连县、阳山、英德一带。

警卫旅第二团到翁源后，全团驻在通往江西虔南的坝子。团的任务，做防止红军入粤的布防。具体布置，由坝子到江西虔南边境的二三十公里的公路，沿路纵深构筑散兵壕，并择要加筑机枪掩体。

那时警卫旅第二团的指挥官，是少将副旅长兼第二团团长黄国梁。我经常随他去看工兵构筑工事，沿途闲聊。有一天，他感慨系之地对我说："叶剑英系云南讲武堂同学，大家同学几年，千万不要碰头打仗。"黄国梁与叶帅在云南讲武堂同学，北伐后期，黄任顾祝同所属的第三师师长，被蒋介石怀疑他与白崇禧暗通，被撤职出走南洋。后回国投效陈济棠，常于言语间对蒋介石表示极度不满，不愿与红军作战的情绪也溢于言表。

在坝子驻防三个多月，由坝子到虔南边境，沿公路的散兵壕工事，差不多完成了构筑任务。一天接到总部通报，说红军在江西信丰附近的古陂、版石、重石、安息一带与余汉谋的第一军接触，战况激烈，双方伤亡很大。

……

见过总部通报之后，跟着接到通知出发的命令。记得作战命令是在 1934 年 10 月 12 日到达的。命令指定警卫旅第二团要在 10 月 22 日午前到达南雄城。因属紧急行动，部队把多余物资行李，派员全部带回广州。队伍于 20 日拂晓轻装出发，由坝子取道始兴县属司前街，经过柴塘、始兴县城，直趋南雄。

时间紧迫，日以继夜急行军，人劳马困，官兵疲倦不堪。接近南雄城时，三三两两，不成队伍。能于 22 日午前赶到南雄的，只有团旗、团长、团部和特务连少数官兵而已。就是说，做一个象征性的遵时到达。

粤北重镇南雄古城，大街小巷，睡满士兵，风声鹤唳，一片战时杂乱的景象。

正在这个时候，闻说红军先头部队已过乌迳。又闻独立第二旅陈章部，在水口与红军有小接触，随即停火。

在南雄住了一夜，团奉命移往仁化。队伍到达始兴县城附近，奉到急电，着黄国梁即到韶关地区司令部。他要我同行。队伍由第二营营长韦卓升率领，取道曲江县属周田圩，直趋仁化。

到达韶关，先到地区司令部。

去见独立第三师中将师长、北区绥靖主任、地区司令（战斗序列）李汉魂，适他休息，没见到。

跟着去见独立第三师少将副师长兼参谋长、地区司令部（战斗序列）参谋长李江，也因他休息，没有见到。

最后，见到第一师上校参谋长，调地区司令部（战斗序列）参谋处工作的李卓元。李卓元一见面就说："没有仗打了，但要求下面不打仗，也不是一件轻松的事！"

跟着李卓元分析了战局，部署任务。他说："已经同共产党达成协议，互不侵犯。共产党借路西行，保证不入广东境；我方保证不截击，在湘粤间边境划定通道，让红军通过；并且由我方赠送步枪子弹一千二百箱，由巫剑虹的第四师负责运送，到乌迳附近交接。拟定共产党西行通道是（李卓元一面讲一面指着五万分［之］一军用地图）乌迳、百顺、长江圩以北、城口、二塘。过了二塘，便脱离了广东境。"

李卓元面对黄国梁继续说："至于任务呢，警卫旅三个团，集中在仁化一线。陈汉光旅长在海口不能来，由你全权指挥。除你的第二团外，第一团莫福如部已向长江圩前进中（莫团由肇庆开来）。第三团彭智芳部的第二营何汉武部，已由广州来韶列车中；第一营、第三营现在海运途中（彭团由琼崖开来）。"

"同共产党协议的事，不能向团长下达，但要明确要求，敌不向我射击，不准开枪；敌不向我袭击，不能出击。总之，保持不接触。说不接触容易，要各级做到，可不容易啊！"

因形势紧迫，听完战局分析及接受任务后，便行告辞。

告辞后，黄国梁对我说："李卓元说［的］是对的。无仗打似乎容易，但要求全不接触，却很艰巨。郭士槐（［第］二团中校团附）平日很憎共产党，我想不要他到前方了，留他在韶关，接应第三团，免得到前方惹麻烦。前方的事，我与你轮流处理就是了。"

经过仁化县城，到县府见过姓戴的县长，我们乘骑直往扶溪。25日到达扶溪，接到通报，红军前头部队已到百顺，便把部队做了一些调整部署。

莫福如一团就部署在长江圩以南地区，彭智芳三团布置在厚坑以南地区；并通知何汉武营经董塘时，直出厚坑。第二团位置［在］扶溪圩，作为总预备队。

26、27两日，第二团就地休息。第一团则布置构筑些简单防御工事。26日第三团何汉武营已到董塘，命令27日午前到达厚坑，在厚坑南面高地布防。

27日夜10时许，我接班不一会，第一团团长莫福如来电话，说红军部队徒涉锦江，队伍庞大，有乘骑，有辎重，想〔像〕系一个高级指挥机关，请准半渡出击。我在电话上答以碍于上头规定，还是不要出击。莫便取消了这一意图。这一夜，锦江方面长江圩境，红军队伍不断西行。

28日凌晨4时左右，厚坑方面（在扶溪正东），突然传来交织着的步枪声和轻机枪声。电话询问何汉武，为什么有枪声？答以红军侧翼在恩村（离厚坑约十公里左右），并向厚坑搜索前进，迫近厚坑。问何营的位置，答以厚坑以北。我责问他为什么不依照作战命令布防在厚坑以南，却突出厚坑以北，便命令他即刻撤退到厚坑以南。何在电话上缠个不休，不愿撤退。我放下电话，决定通过仁化戴县长转去电话命令，着何营切实执行，即刻撤至厚坑以南。不久枪声停了，我叫醒黄国梁，简单报告了厚坑方面情况，他同意我的处置。

警卫旅第二团撤回仁化县城时，队伍正在城边休息，遇上余汉谋第一军尾随红军队伍西行的第二师队伍。为首带队的是陈济棠的侄儿陈树英团长。他一见到我们，便破口大骂："眼［见］让共产党经过不截击，真饭桶！"

红军过后，警卫旅在仁化召开营长以上参加的军事会议。在会上，黄国梁对何汉武营长做了严厉批评，并曾大骂要把他枪毙。

会议之后，跟着紧急移防：第二团接独［立第］三师第二团李绍嘉部的乐昌防务；第一团、第三团暂移驻韶关，听候命令，准备回防。

第二团到达乐昌后，团部位置九峰山南麓。这时红军队伍已经过二塘，独［立第］三师李绍嘉则移驻连县。陈济棠整个部队都在准备回防中。

正在这个时候，陈济棠转下蒋介石责备他不堵截红军的电报。这个电报，我曾背诵过，但如今只记得零星的词句：

"……平时请饷请械备至，一旦有事，则拥兵自重。……此次按兵不动，任由共×西窜，贻我国民革命军以千秋万世莫大之污点。着即集中兵力二十七个团，位于蓝山、嘉禾、临武之间堵截，以赎前愆。否则本委员长执法以绳……"

这封电报，陈济棠加了几个字按语转发下达："本电报转发至团长为止。"

不几天，我们回防了，警卫旅整个旅集中广州近郊从化整训。

（选自广州市政协文史资料研究委员会编：《南天岁月——陈济棠驻粤时期见闻实录》，广东人民出版社 1987 年版）

陈济棠"保境安民令"

⊙李悦仁^①

　　1933 年 2 月，我到粤北南雄古城，投效第一集团军独立第三师司令部参谋处，任同中尉书记，管理该处的收发文件、图书、档案等工作。该师中将师长李汉魂，也兼任北区绥靖委员。但绥靖委员公署驻韶关，师司令部驻南雄。李汉魂多在韶关绥靖委员公署。

　　1934 年初冬，有通报江西红军从瑞金、于都、会昌等地，向西做战略转移。独立第三师奉命由南雄向仁化县长江、城口移防，在该线与独立第一旅、警卫旅组成防堵红军西进的防线。

　　有一天，余汉谋第二师经龙南、大余^②向西追击红军，到达金樽坳（延寿附近）时，与一支红军队伍遭遇。第二师将坳口堵住，并知会我们师，由坳背分两路沿着山腰战斗前进，将该红军包围。但他们凭借民房，利用山沟隐蔽，进行顽强抵抗。经过半天战斗，我师与第二师，终以压倒优势的兵力，将该支红军小队伍打垮，并俘虏了几十个穿便服的人。李汉魂因此特向陈济棠报捷。

　　经过这次小战斗后，红军绕过广东仁化境，在湘粤边山区继续西进。独〔立第〕三师奉命向乐昌县境进发，分驻九峰圩、粤汉铁路广东段两侧，继续堵防红军。

　　有一天晚上，云雾闭〔蔽〕天，细雨濛濛，在午夜时分，九峰圩附近，又闻机枪声阵阵，间有密集的掷弹筒的发射爆破声，估计是一支主力队伍通过的激战。我们师正〔经〕与各团严密联络，了解战况〈时〉，方清楚此次战斗，

----

① 作者当时系国民党第一集团军独立第三师司令部参谋处同中尉书记。

② 大余，即"大庾"。

由于天黑气候恶劣，从湖南汝城尾随追击红军的第二师，在九峰山与独〔立第〕三师发生误会而交火的。后前方指挥部发现对方的火力不像红军，用军号联系，方知是误会。

战斗刚停，天将拂晓，无线电台送来陈济棠总司令部的电报，文意如下：

伯豪兄：

关于金樽坳战报，备悉。我军以"保境安民"为主。

陈伯南　穗总参××

自是之后，我们独〔立第〕三师再没有发生过战斗，仅奉命由九峰山，过坪石，入湖南宜章县，沿着红军西进的道路，尾随追击。过临武，抵蓝山县，便停止前进。我们在蓝山休息一天，即南返回防。从蓝山南下连县，再回乐昌县城驻防。这时得知红军已过广西全州。不久，我们师又回防韶关。

（选自广州市政协文史资料研究委员会编：《南天岁月——陈济棠驻粤时期见闻实录》，广东人民出版社 1987 年版）

粤军第一师对红军的堵防

⊙李　振[①]

[1933年]10月，蒋介石又调集大军对红军展开第五次围攻，并以陈济棠任南路军总指挥。陈以第一、三两军分作东西两路，担任东路的第三军曾一度进占筠门岭，担任西路的第一军仍在原地担任堵击。

1934年2、3月间，担任西路的第一军为防红军向南突围进入广东，重新调整了部署：以第二师主力仍驻信丰城，并派一部接替第一师赣州防务；第一师师部及第三团驻防信丰县属的古陂，第一团移驻重石，第二团移驻新田，教导团移驻版石，并由原独立第二师新改为第一军第三师的张瑞贵部接替桂军第四十四师的安远防务。这就使安远亘信丰至赣州形成完整的一线，并以安远、信丰段作为重点。第一师进驻古陂等地后，经常派队到天心圩、龙布圩、牛栏等地游击。

在这段时期中，蒋介石为了配合其第五次围攻的军事行动，对苏区的经济封锁更加严密，致使苏区所需的食盐、布匹、药品等更感缺乏，价格更贵，因而师及第一团又与另一大劣绅赖某（名字忘记）勾结，贩运食盐、布匹、药品等进入苏区，牟取暴利。

同年7月间，第一、三两团奉命交换防务，即第一团移驻古陂，第三团移驻重石接替第一团防务，教导团驻版石。

10月，红军北上抗日，一路由会昌出龙布圩，一路由于都经小溪向大石进发。余汉谋为了保存实力，巩固粤防，急电第一师撤回大庾、南雄布防。第一师师长李振球命第三团团长彭林生并指挥教导团经月子岗取捷径先开大庾，归军部

---

① 作者当时系国民党第一集团军第一军第一师第一团团长。

直接指挥，准备亲率师主力经安息向南雄后撤。驻新田的第二团刚开始行动，后尾部队即遭受前进迅速的红军袭击。李师除派第一团一部前往迎接外，并命第二团团长廖颂尧迅速向古陂后撤。第二团到达古陂，师部及第二团急向安息先行撤退，而以第一团殿后，并将大量弹药交由第一团处理。当时因运输力不足，无法运搬，为了避免落入红军之手，竟大肆破坏。第一团尚未撤出古陂，即遭红军袭击，发生战斗。战至深夜，我决心利用夜暗撤退。为了避免红军尾追，掩护主力安全退却，先派一个营撤至金莲山隘路占领阵地，主力部队则采取留少数兵力维持火线以欺骗红军掩护撤退，然后听号音全线撤退到指定地点集合的办法脱离了红军。当红军发觉我团撤退进行追击，到达金莲山隘路遭到我团温营的突然袭击，始稍向后退。第一团于次日9时到达安息，正准备做饭，红军先头部队又已跟踪追至，因而又展开了战斗。激战至次日下午4时，红军后撤。第一团为了迅速脱离红军，即经月子岗向南雄撤退。此时红军主力部队已在信丰、大塘间架桥渡信丰河绕经大庾以北地区向湖南汝城方向前进。当余军撤到大庾、南雄时，曾与余军作战的红军亦已经大庾以北的黄龙、青龙间向湖南方向前进。此时方知与余军作战的红军在以积极行动以掩护红军主力部队的转进，目的已达，遂主动后撤。当时蒋介石虽然急电余汉谋尾追红军，但余汉谋为了巩固粤防，保存实力，并未沿红军经路进行追击，而是令第一师向乐昌前进。第一师除以一部用汽车输送至曲江再转乘火车先到乐昌外，主力则经南雄、百顺、扶溪、仁化至乐昌。到乐昌后并无情况，为了应付蒋介石的追击电令，又继续向坪石前进，达到坪石时，红军已离去更远。在坪石休息数日，遂仍回防南雄及赣南各地。

（选自中国人民政治协商会议广东省委员会文史资料研究委员会编：《广东文史资料》第 19 辑，内部发行，1965 年）

在粤赣湘堵截红军长征忆述（节录）

⊙侯　梅　李友庄[①]

作战指导思想及其兵力部署

蒋介石（以下称蒋）从1930年开始至1934年春，对江西苏区红军发动［第］一、二、三、四次"围剿"，均被红军击败。他曾多次施展阴谋诡计，始以重兵长驱直入，重点"围剿"；继而采用碉堡政策，封锁围困，妄图彻底消灭红军，但每次都遭到惨败。在积极"围剿"红军的同时，用借刀杀人的办法，驱使非嫡系部队参加"围剿"，企图"一箭双雕"，既要消灭红军，又要削弱地方部队。其实，陈济棠因蒋介石答应增拨军费，便出兵两个军，担任封锁赣粤边境、截击红军。陈深知蒋的用心，决定不上当，便采用阳奉阴违、避实击虚的对策，把广东部队以主力集结为主，如发生战况，便于调动。同时，另以小部队分驻各地，虚张声势，对蒋表示服从和拥护。其实，这是陈济棠保存实力的对策。由于派出的部队小，行动容易，万一遇到红军袭击，所受损失也不大；庞大实力，仍然在握，可以左右自如，这就是陈的"妙算"。在这指导下，陈不论在任何情况，都以大部集结、小部分散为主；在大部队与小部队之间经常联系，万一战况不利，小部队则向大部队靠拢，取得一致行动，相机转移，避免打硬仗遭受严重损失。

……

---

① 侯梅当时系国民党第一集团军独立第二旅参谋长；李友庄当时系国民党第一集团军第二师第五团第一营营长。

南路军在赣粤湘边各地堵追经过的红军

1934 年 10 月中旬，红军长征前锋已经到达赣粤湘各省边区，急速地向西移动。南路军总司令陈济棠迭奉蒋介石命令，说红军不是战术机动，而是战略转移，不是南侵广东，乃是长征西进。为了应付蒋令，陈当即密令第一军军长余汉谋迅速集结部队，择险截击。

1934 年 10 月中旬，红军已开始长征，余汉谋的第一军第一师首当其冲。一天，上午早饭时，驻新田、重石的部队，同时得前哨电话急报，红军约有几百人，正向他们前进阵地威力搜索。当时，第二团、第三团的团长均不相信是正式红军，以为只是"土共"来骚扰，各派一营出击而驱逐之。没料到该两营出发未几即遇红军迎头痛击，愈战愈烈，才知是红军大部队。此时第二团之一营（出击营）在挨打之下，勉强支持至入黑，乘夜撤回新田；红军衔尾追击，吓得在新田的副师长莫希德惊惶失措，慌忙撤出新田，逃回古陂集中。而重石、版石的第三团和教导团（当时统归第三团团长彭霖生指挥）由于彭一贯狂妄自大，错误地认为红军大部队不会那么快到，可以打其一场速决战，却不料红军以迅雷之势，分路合击。这样该两团虽得师部急撤古陂集中的命令，但已陷于无法脱离的困难。经过一昼夜的激战，该两团伤亡颇大，只好边打边走，极其狼狈。师部及第一、第二团退到信丰安息圩，部署了掩护阵地，等了约两天，总算陆续收容到第三团、教导团的残存部队。该两团经过是役伤亡颇大，辎重行李抛弃甚多。后来该师回到大庾，余汉谋把彭霖生痛骂一顿（彭则推到教导团没有用）。未几，教导团团长陈克华以作战不力被免职。

由于红军要突围长征，非击破余汉谋的赣南第一重封锁线不可。因此红军在占领新田、重石、版石、古陂各据点之后，接着即节节进迫安息，把安息三面包围了。喘息未定的第一师处于战守两难的困境，便急电余汉谋请派增援部队。余派第二师第五团（当时驻信丰县）星夜赶至安息助战，以第一团（团长李振）及第五团的第一营向北佯攻红军，掩护其余大部队向南撤退。由于红军不打算在此决战，而是急于向西转移，因而第一师和第二师一部也得乘机向龙南县逃窜，转回粤北南雄，据守广东地盘（当时陈济棠既要防红军入粤，也要防蒋的中央军来抢地盘）。10 月底，红军第一军团、第三军团到了大庾县附近，形成了包围大庾的态势，大庾极为危急。

红军围大庾掩护主力西进

余汉谋的第一军自 1932 年开入赣南参加"剿共"以来，其军司令部驻在江西大庾县城，花了不少人力、物力，构筑城防半永久性工事，希图固守（深沟高垒，四面旧城墙脚灌以水泥修补）。红军装备较差，更主要的是红军有北上抗日任务，故对大庾不作恋战，目的在南进。而余汉谋等到其基本部队集结大庾完毕后，于 11 月初旬即派第一师的第三团［团］长彭霖生（原被红军击败走回曲江再回大庾的，衔余汉谋戴罪立功之命出战）率领第二、第三两团向大庾之北西峰山（距大庾约廿里）之红军攻击。其实，这批红军的后卫部队，已优先占好阵地，居高临下，而彭军仰攻不易，双方相持一天，战斗不甚激烈。红军乘夜撤离阵地，分向湘粤边境山区地带撤去。彭霖生洋洋得意地率队回大庾向余汉谋夸大战果，把红军的主动转进说是击败了红军。

延寿之役

1934 年 11 月初，红军撤离大庾之后，余汉谋即部署一面防堵，一面追击的两套办法：以第一师（欠教导团——该团留守大庾）由大庾经南雄、曲江向乐昌、坪石相机堵截红军，极力拒止其进入粤境；以第二师（欠教导团——该团留守信丰）及独立第二旅（归第二师［师］长叶肇指挥），经仁化的长江、城口向九峰一带衔尾追击红军。当时，第一师方面，一直未遇红军。而独［立第］二旅、第二师方面沿着红军前进道路尾追。最初两三天，两军的距离始终为一天或半天的行程，随时都有接触的可能。一天，第二师由仁化的城口附近出发。独［立第］二旅走另一条路早一小时出发，当时第二师的行军序列按第五团（前卫）、师部直属部队、第四团、第六团的次序前进。中途得报：延寿（属湖南汝城）附近一带山地森林仍有红军的后卫，是［红军］第五军团在那里掩蔽休息，状极疲劳等语。第五团团长陈树英即令全团加速步伐向延寿急进。先头营（营长李友庄）行抵延寿东南端的两边高山右前方一条小河流（河面颇宽，水却不深，可以徒步）的地方，发现在对河山坳的红军。当即双方展开战斗。红军居高临下，且倚河作障，有险可守，而第五团团长陈树英强令李友庄营涉水强攻，红军沉着应战，俟李部半渡而击，因而该营官兵伤亡较大。李友庄到达彼岸后，刚拿起望远镜瞭望，亦中弹伤手。营附潘国杏带着第一连的一个排横冲几个山头，最后爬上一座较高的山林，遇着红军集结大批队伍（千人以上，只少数有枪，疑属后勤运输部队），样子像整装待发。此时刻营附潘国杏及其身边剩下的十多个士兵，欲逃不能，只好做了俘虏。他们以为必死了，可是红军对他们不杀不辱，问他们愿不愿随同北上抗日，他们表示不愿，随即获得释放。

叶肇的第二师在延寿附近追上了红军，而真正上火线的只有一个团（第五团）。该团打得比较激烈的只有一个营（第一营），打的时间也不过一昼夜而已。战斗结束，清扫战场，红军被打死十余名，陈军被打死的约卅名。红军乘夜撤离阵地，陈军不仅不敢跟踪尾追，而且连红军的去向也弄不清楚。

延寿之役第二天，竟闹出一场笑话：由于陈军各部行动不协调，联络不周密，叶肇第二师的先头部队在黄昏时候，从延寿向九峰搜索前进，在离延寿约二十余里的地方，突然发生战斗。这是因为该两路追击纵队，事前没有联系好，其中一路是由江西大庾出发，经热水向湖南延寿前进，如叶肇所率领的第二师、独立第二旅；另一路是由广东仁化经城口向延寿前进，如独[立第]三师李汉魂部和独立第一旅。两路部队都在急进中，碰见队伍，便误认为是红军，立即打了起来。经过两小时之后，觉得枪炮之声不似红军，乃以号音问答，始知是友军误会，然而互有伤亡。及后，陈济棠曾派李汉魂率领两个师，编成一个纵队进至蓝山、江华等地防堵红军入粤。李汉魂竟把那次误会战斗的伤亡数目混作在延寿与红军战斗的伤亡，从而夸大战斗，虚报战果，因而得到蒋、陈的嘉奖。

结束语

11 月中旬，第一军第二师协同湘军追堵红军，由广东坪石进至湖南的临武和蓝山后即告停止（沿途相距红军只一天路程，实是为红军送行）。第一师在坪石休整一个期间。到 11 月下旬第一军全部开回赣南，独立第二旅仍调回南雄整训。此时蒋介石南昌行营又在江西划分几个"绥靖区"的清乡办法，余汉谋受命兼任江西第六"绥靖区"司令官，司令部仍设大庾，对赣南等十县采取所谓"剿抚"兼施的毒辣手法，妄图彻底消灭红军和镇压人民革命。

（选自广州市政协文史资料研究委员会编：《南天岁月——陈济棠驻粤时期见闻实录》，广东人民出版社 1987 年版）

陈济棠部在粤北乐昌阻击红军片断回忆

⊙韦　德[①]

　　工农红军在 1934 年冬自江西经湖南、广东边境北上抗日，广东新军阀陈济棠调集部队在粤北乐昌县九峰地区阻击红军。我当时任该部第一教导师第一团第一营营长，曾参加这次战役，现将亲身的经历和见闻回忆如下：

蒋介石与陈济棠的矛盾

　　蒋介石苦感两广不但不听他的命令，且要与他作对，为此总想伺机打入广东，先消灭陈济棠部，进而进兵广西消灭桂系，以完成其所谓武力统一中国。而陈济棠则利用西南政务委员会的机构和国民党一部分中委，如胡汉民、古应芬等，并联合桂系李宗仁、白崇禧，与蒋介石南京政府相对立，并藉抗日的美名扩充部队及陈兵闽赣湘粤边境，又加筑广州近郊半永久工事，以防蒋军进攻，希图久据广东。蒋介石与陈济棠虽然有严重的矛盾存在，但反共反人民是一致而坚决的。自"九一八"日本帝国主义侵占东北后，中国共产党为拯救民族于危亡，提出"立即停止内战，团结一切抗日力量，共赴国难"的口号，并领导红军毅然北上抗日。而蒋介石不顾国家民族的垂危，以大军尾追红军，又分电陈济棠、李宗仁、白崇禧迅集重兵于赣湘粤桂边境堵击，企图一举而消灭红军。而陈济棠既怕红军进入粤境，又怕蒋介石军队趁机进入广东吃掉他，他严令在粤赣边的第一军余汉谋部防守南雄线，并急调驻广州近郊的教导师缪培南部（缪培南因兼陈济棠参谋长未往，由副师长谭邃率领）四个团到曲江，归广东西北

---

① 作者当时系国民党第一集团军第一教导师第一团第一营营长。

区绥靖委员兼独立第三师长李汉魂指挥，在乐昌、连县地区堵击红军。

在乐昌九峰堵击红军经过概况

1934 年 11 月，团长罗策群参加师部会议回团部，用电话叫各营长马上到团部开会，首先将缪培南所指示情况和任务说明后，立即要部队准备次日早晨在黄沙火车站集合，由火车运送到曲江。第一团先到达曲江后，李汉魂即命令第一团乘原列车绫开乐昌，归独立第三师副师长李江指挥。第一团到达乐昌天已大明，罗策群即到城里见李江，李面授予第一团守乐昌城及车站任务后，李本人便率领独三师开赴九峰圩地区占领阵地，以防红军进击。教导师师部及第二、第三、第四团集结曲江，以备策应仁化、乐昌、连县各方面作战。

第一团到达乐昌后，各营、连都在加紧构筑防守工事。第二天约 14 时，忽听闻九峰方面炮声隆隆，罗策群正在车站巡视第一营阵地，团部副官李启湘匆忙跑到罗策群面前，说"李副师要团长听电话"，罗即在第一营部接听李江的电话。李说："红军现在猛攻九峰阵地，第一团要准备随时增援九峰作战。"罗策群即交代李副官通知部队赶快做饭，候命行动。同日约 16 时左右，李江又来电话说："红军向九峰阵地全线猛攻，战斗很激烈，第一团应即以急行军驰援九峰。"罗策群即将守城任务移交自卫大队接替，要团附催促各营和直属队赶快到火车站附近沿公路集合，向各营、连长宣布了团关于驰援九峰独三师的命令，决定第三营先行，其余队伍按团部和第一、第二营、行李队行动，并要第二营派一个连在行李队后收容，要求各营、连长必须确实掌握部队，以防夜间混乱。约在 17 时开始行动，先头营行约二十华里之北乡附近突然受红军阻击，前卫连战斗约四十分钟，已入黄昏后，红军已达成阻击任务而向深山密林转进。但罗策群当时感到还要经三四十里曲折的山谷，害怕再遇伏击的危险，且电话线已被红军切断无法与李江通话，便叫部队派出四面警戒，就地休息，特务连派出一个排掩护及协助通信排接通电话再决定行动。约三小时后才接通电话，罗策群即向李江报告被阻击经过和电线被破坏情形，并要求拂晓续进。但李江说："战斗正在更激烈中，应急行前来增援。"罗策群只有执行命令，仍叫第三营为前卫，其余队伍仍按原行军次序向九峰急进，并再三嘱各部队长要确实掌握部队，第三营要严密搜索警戒，交换行进。教导师是 1931 年组成的，一直驻广州外围，没有进行过战斗，也没有经过强行军锻炼，因此，在行军中五里一停十里休息，人马表现得很疲倦，沿途落伍的约三分之一，甚至有些驮马兵夫掉下山沟，混乱情形弄的〔得〕连、排长无法掌握部队。先行的第三营于拂晓前到达独三师指挥所附近，营长谢彩轩交代营附丘梅集合队伍，清查整顿，谢个人先去见李江报告被阻击经过和兵夫落伍情形。李江对谢彩轩说："战斗仍在激烈进行，你营来得正好，赶快集合队伍稍休息，准备加入战斗，落伍的可派人员收容便是。"团部及第一、第二营也陆续到达指挥所附近，我和第二营营长黄纪福随团长罗策群去指挥所见李江。李一见我们便先开口说："第三营到来很及时，已加入战斗。现在已稳定成对峙状态，你们的队伍可集结休息，作机动。"师部参谋主任也概略地对我们谈战斗情形，说：不是我们部队先机占领九峰险要，粤北的门户乐昌是难以保全了，红军冲击力真使人胆惊。仅几个小时战斗，双方伤亡官兵约有三四百人之多。

我们团到达九峰后，只是第三营加入了约一个多小时的战斗。第二天约6时左右，罗策群接李江电话说："与我对峙的红军已向湖南宜章、临武方向西去，判断这个部队是红军左翼队。曲江指挥所怕红军进入连县、连山，要教导师第一团赶快经大人洞、罗家渡车站，占领连山，独立第三师应即集结乐昌机动。"

团长罗策群接受新任务后，即要第三营归制，命令第一营为前卫先行，进占大人洞西北要点，掩护团进出大人洞，要特别注意对通湖南道路搜索警戒。我依团长指示，命令第一连〔连〕长率该连为右侧兵，第二连〔连〕长李锡章率该连为前卫，其余按营部重机枪排、第三〔连〕、第四连次序在第二连后跟进。在行进约四十华里（即距大人洞约十华里）忽听有枪声，部队仍续行进约二十分钟后，便接到第一连〔连〕长钟高锦派兵送来的报告说：搜索班在大人洞北通湖南道路的山坳发现红军哨兵放枪，侧卫尖兵立即加上向红军哨位威力搜索，俘获负伤红军战士两名，缴步枪两支。我当时叫送报告来的士兵回去对钟连长说：要赶快选择阵地和构筑工事，并砍树纵深堵塞阵地前道路。又叫第二连接第一连左翼向西北警戒，并择要点构筑工事，营部及直属队集结在第一、第二连后，并将上述情况报告团长。又叫营附黄士达带机枪排长、第三连、第四连〔连〕长及部分排班长到第一、第二置侦察地形与取联络。并按照团长的指示，我叫钟高锦将两个红军战士枪杀了。

大人洞乃是一个盘〔盆〕地，距连山有一百多华里，都是崎岖羊肠小径，离罗家渡约五十华里。这时，粤汉铁路湘粤段正在开凿金鸡岭隧道，还未通车。当时，随团部行动的德国顾问安美明极感不安说："红军是神出鬼没，且善于山地战，这里很危险，一旦红军来攻击，我援军无法到来的。"要罗策群再三叫各营，连夜加强工事，严密警戒，表现很恐惧。

次日，团续向罗家渡西进，第二营为前卫，第一营作后卫，每小时走不上四里路，走了一昼夜才到达罗家渡车站，真是人疲马困，官兵站着也打瞌睡。但曲江指挥所仍催促第一团要兼程占领连山。罗策群恐怕误事而只有执行命令，强勉行动，又继续走了两天一夜才到达目的地，幸而沿途没有遇到红军；但扰民是不少的。例如经过村庄时，抢食、抓夫，连开筑铁路的工人也有被抓作挑夫等。

到达连山，全团都驻太保圩，以第一营向白石关警戒和择险构筑阵地，征民工砍伐树木作工事用。封锁交通，检查行人，给商民造成很大苦难，尤其是全团在太保圩就地补给约共三千人马，驻一个星期。这个地方是瑶民聚居区，有很多人害怕军队而逃避深山，由此推想就可知新军阀扰民情形了。

12月初的一天，团部接到曲江副师长谭邃来的电话说："红军已进到黔境，本师各团应即回原防，第一团可取捷径经阳山到英德浛江口车站，乘火车回广州原防地，团部即遵照行动。"

这是新军阀陈济棠调独立第三师和教导师等在粤北堵击红军北上抗日的片断回忆。

（选自中国人民政治协商会议全国委员会文史资料委员会：《文史资料存稿选编4·十年内战》，中国文史出版社2002年版）

薛岳率军追堵红军的经过（节录）

⊙李以劻 [1]

自 1934 年 10 月中旬迄 1935 年 10 月下旬，这一年，是中国工农红军第一方面军经历二万五千里长征的艰难险阻，胜利地到达陕西吴起镇，同时也是蒋介石集团凶残毒恶地集中七八十万军队危害红军比较惨重的一年。1935 年 7 月，蒋介石在成都行辕对薛岳所率的中央军讲话，特别指出"国军长途'追剿'，从中枢到边陲，军行所至，中央德威远播，诚为我国历史空前壮举"，就是指"追剿"军从东南到西南，从西南到西北，迢递万里，沿途追击、截击、堵击红军的行动。

当时红军长征，经过闽、赣、粤、湘、桂、黔、川、滇、康、甘、陕、青等省 [2]。蒋介石除调动各省地方杂牌军，如粤军陈济棠，桂军李宗仁，湘军何键（李韫珩、李云杰），黔军王家烈（犹国才、侯之担、蒋在珍），滇军龙云（孙渡），川康军刘湘、刘文辉、杨森、田颂尧、孙震、李家钰、邓锡侯，甘肃鲁大昌、邓宝珊，以及西北军杨虎城、东北军张学良、青宁马家军，分别在各省区截击堵击之外，特派"剿匪"军第六路军总指挥薛岳（后任贵阳绥靖主任兼第二路军前敌总指挥）担任"追剿"前敌总指挥，率中央军九个师（其中一个称支队）沿红军长征道路后面尾追及侧翼堵截。在追截途中，蒋介石直接指挥薛岳，曾经布置三次大兵团追截堵围红军的计划：［第］一次是在湘桂边，利用湘江地障的追堵计划；［第］二次是在川黔滇边，两度想利用赤水（乌江北、长江南）地障的追截计划；［第］三次是在川甘边，利用雪山草地地障的围歼

---

① 作者当时系国民党第六路军总司令部上校参谋。
② 一般认为，中央红军长征经过十一个省，并未到过青海。

计划。蒋介石为了在战略上集中力量，捕捉战机容易起见，曾在沿途令各省地方军队，如粤军李汉魂部，湘军刘建绪、李云杰、李韫珩等部，黔军王家烈、犹国才部，滇军孙渡部，川军郭勋祺、刘元璋部，和中央军胡宗南、上官云相等部，均拨归薛岳指挥。蒋介石在长追红军一年中，虽先后发表了何键任"剿匪"军第一路军总司令（最初称粤、闽、赣、湘、鄂"剿匪"军追剿总司令），龙云任"剿匪"军第二路军总司令，朱绍良任"剿匪"军第三路军总司令，但薛岳却从江西迄甘肃都是担任前敌总指挥，沿途虽在何键、龙云等遥遥节制之下，实际上在南昌、重庆、贵阳、昆明、成都各地都是受蒋介石的直接指挥。

薛岳，广东乐昌人，别号伯陵，是蒋介石集团陈诚系的要角，1927年任国民革命军第一师师长（副师长胡宗南），曾率部在上海参加"四一二"清党大屠杀；同年夏投靠李济深，任新编第一师师长，曾率部在潮州堵击南昌起义军，并曾镇压广州起义。1933年，陈诚在江西指挥第四次"围剿"失败后，经亲信罗卓英、吴奇伟的推荐，向蒋介石保举薛岳充任北路军第六路军副总指挥兼参谋长。没有几天，陈诚升北路军前敌总指挥兼［第］三路军总指挥后，即让出第六路军总指挥职，保薛继任。第三、六两路军是江西第五次"围剿"中最大的主力兵团。1934年10月间，当第三路军攻下石城时，薛岳即率第六路军攻下兴国及古龙岗，进迫宁都，企图围困瑞金。他当时趾高气扬，自认为了不起，加上早在崇仁就任第六路军总指挥不久时，陈诚在军官集会上曾说"'剿'共有了薛伯陵，等于增加十万兵"，更使他非常狂妄。这年10月中旬，正式证明红军主力向粤桂边境，通过赣南信丰、安远间的南路粤军封锁线后，薛岳即以火急电，分电陈诚、顾祝同及蒋介石表示，愿率第六路军负责"追剿"，随即得到蒋、陈、顾复电鼓励。可以说，红军长征这一年，也是薛岳长途追击红军最多的一年。

我随薛岳任带兵官及幕僚十余年。薛岳率中央军长追红军的情况，有些是亲身见闻，有些是听到在薛岳指挥下的军师长们说的。但关于主要的决策，是抗战中我从陆军大学毕业重回长沙，在薛岳身边任少将高参，为他个人编史料时，他亲自告诉我的。1953年至1956年这三年间，我在人民解放军华东军区解放军［军］官训练团写述军事史料时，又从该团曾经参加长追的国民党军一些人员的口述中获得了一些有关的资料，现按所经各省区分别叙述。

蒋介石长追红军的战略和并吞地方的决策

1934年10月初蒋介石前往华北视察时，南昌行营已发现红军主力在古龙岗、白水等战斗后去向不明，曾下令北路军各纵队进行威力搜索；10月13日始得悉红军调动频繁，有向西南移动模样。17日左右，北路军及东路军先头追近瑞金，俱无激烈战斗。19日左右，薛岳接到南路军总部及北路军纵队指挥官周浑元电，知道红军主力已通过信丰河继续西进，南路粤军余汉谋部防线已被突破。薛岳随即奉蒋介石命率第六路军进行"追剿"，红军由瑞金为起点长征，蒋介石嫡系中央军即由兴国为起点进行长追。

薛岳在长追一年中，蒋介石给其亲笔信十余封。在当年到达川康地区时，我曾听到这些信的一些内容。抗日战争中，我受命编纂关于薛岳的"精忠"事迹时，他又多次对我谈及"追剿"经过和蒋介石的机密指示。1945年冬抗战胜利后，我在江西吉安及南昌办理第九战区军官总队复员工作时，薛在吉安寓所和南昌洪都招待所曾找我谈及关于编纂抗日反共的史料。有一次我同薛的胞妹薛官玑到薛住所，薛嘱其妻子方少文打开一个皮箱，满箱都是蒋介石十余年来亲手写给他的信件和机要手令，他抽出几封交我阅读；其中有三封是关于对长征红军"追剿"的决策，他并从旁说明，认为"当年未能灭共是军人之耻事，现在来打，就不容易了"。这些信件是1934年11月下旬薛在衡阳等地收到的。兹就回忆所及的写下几点（为了存真，保留原来的诬蔑词汇。下文同此）：

（一）"赤匪此次西窜，虽号称十万，据空军毛指挥官（邦初）侦察报告，匪军分几路前进，队伍很乱，且民夫甚多，确是倾巢西窜，辎重甚长，行动维艰。据陈总司令伯南电告，匪军通过信丰、大庾、上犹、仁化、汝城、延寿地区，迭经阻击，溃散不少。据俘供：〔第〕一、三军团在前，〔第〕五军团在后，朱、毛确在军中。歼灭此股，关系国家成败，应特加注意，倍加奋勇。"

（二）"过去赤匪盘踞赣南、闽西，纯靠根据地以生存。今远离赤化区域，长途跋涉，加以粤、湘、桂边民性强悍，民防颇严，赤匪想立足斯土，在大军追堵下，殊非容易。自古以来，未有流寇能成事者，由于军心离散，士卒思归故土；明末李自成最后败亡九宫山，可为明证。"

（三）"第六路军以机动穷追为主，匪行即行，匪止即止，堵截另有布置。如侦察匪军有久盘之计，务即合围，毋容其再度生根。对朱、毛与贺龙合股之企图，务必随时洞察其奸，在战略上要经常注意，加以防范。"

（四）"要令各军将士，应认识西窜流寇，人数虽众，乃多裹胁；江西经国军四年血战，无以生存，才相率西逃。今已势穷力蹙，内部不和；缺粮缺弹，形如缺水之鱼。我军要人人同仇敌忾，树立灭匪雄心；为个人建立殊勋，为国家开太平之信念。"

以上这些函件的内容和1935年8月10日我在四川古江油关（南坝）第九十二师师长梁华盛处联络时，所看到蒋介石给梁的信的内容大致相同。据梁说，当时中央军每一个师长、军长均接有同样的信。

薛岳于1934年11月中旬，行抵衡阳附近，即接到南昌行营文酉行一电："已特派何键任赣、粤、闽、湘、鄂'剿匪'军'追剿'总司令，第六路军入湘后改受该总司令指挥，该总指挥着兼任前敌总指挥。"薛岳随于15日接到何键寒（14日）参电，表示"欢迎北路军第六路军入湘，戮力同心，共矢有我无敌之决心"。但薛认为率中央军九师之众入湘，还要受制于何键，先电陈诚表示不满。当时陈诚曾复电安慰，认为薛率中央军入湘，又以前敌名义兼任指挥湘省第四路军各师，"将来越境追歼有利于国家大局"。后来据薛同我谈及，当时蒋介石深怕粤湘桂三省军队联合，希望他率湘军进入外省，调虎离山，使何键无所凭借云云。

11月下旬，蒋介石在薛岳指挥的第三路"追剿"军周浑元部占领道县时，曾亲函薛岳指示机宜，主要是应付地方军阀的措施，大意有如下几点：

（一）"朱、毛扰湘南逐日继续西进，有沿今秋萧克窜道入黔与贺龙合股之公算大。近日在粤桂边之窜扰应是佯动，图粤图桂公算小。"

（二）"弟（指薛岳）入湘佐耘樵（何键）任前敌，实乃肩负追剿重责，望善体斯意，与何通力合作，谦虚为怀，俾在战略上统率前线部队，摒弃境域观念，越境长追。如情况变化，进入粤桂境内与友军相处，尤要慎重，以顾大局。"

（三）"西南诸省久罹军阀鱼肉人民之苦。此次中央军西进，一面敉平匪患，一面结束军阀割据。中央军所至，即传播中央救民德意，同时也宣扬三民主义之精神。"

第三点蒋介石表面上说的是一套官腔，实际也显出他一箭双雕之计。薛岳对此是深有体会的。

湘江追堵战役

湘江追堵计划的实施，是蒋介石亲自决定的。这一战役，是粤、桂、湘三省地方军队及中央军的联军作战，它对长征红军的危害是比较严重的。兹纪要如下。

第六路军的部署

前已略及，薛岳在1934年10月19日左右，据驻兴国附近的第三十六军军长周浑元电告，红军已通过于都、信丰、麻溪附近地区，昼夜行军，继续向西南行，似无经三南（龙南、虔南、定南）入粤企图。同时接到南昌行营电："赤都瑞金已被我东路军收复，该部着急整装待命。"迨是月下旬（10月23日左右），第六路军总部接南路军第一纵队（第一军）余汉谋电，谓红军西移，先头已通过信丰、安远间及赣州、南雄间公路碉堡线，正跟踪追击中。约在10月24、25日（最迟不至月底），薛岳奉北路军总司令顾祝同的电令说："着第六路军各军师由赣南取道上犹、遂川、莲花、永新入湘南，加入西路军及南路军作战地境向共军进行猛追。"薛随即下达如下部署：（1）第三十六军周浑元部由兴国取道上犹入湘南资兴，一部由遂川经酃县，再集结粤汉路南段之郴县附近。（2）第四军吴奇伟部由古龙岗取道泰和、永新入湘南之茶陵后，再集结衡阳待命。（3）第五军（军长由薛岳兼）直辖的第九十九师，由兴国附近取道赣州，经上犹沿第三十六军路线，进入湖南之资兴后，再向耒阳、衡阳地区集中待命。（4）归第六路军总部直辖的第九十二师、第九十三师及惠济第一支队（辖第二师郑旅、第二十五师张旅，等于一个加强师）由原防地取道永新、宁岗分别经茶陵、桂东、攸县至衡阳集结待命。以上中央军，均于11月15日以前先后到达衡阳、耒阳、郴县地区沿线。

湘粤桂军出动情况

第六路军向西追抵粤汉线衡阳段时（粤汉铁路当时由耒阳至广东坪石段尚未敷轨），总部参谋长柳善（际明）综合湘桂各路军情况如下：

（一）何键部的西路军（以湘军第四路军为基干）原区分为刘建绪的第一纵队，刘膺古的第二纵队，加上西路［军］总部直辖部队约八个师，原守备赣江西岸，仅一部留湘南修碉"清剿"。其中有第十九师主力及湖南警备旅共六个团，由第十九师师长李觉率领，于是年8、9月间追击红军第六军团萧克部至黔东，业已东调回湘。何键根本没有想到红军江西主力突围，会经粤湘边入湘南而不经西路防线。当时在湘南的，只有地方团队胡凤璋、欧冠等部，及在汝城、桂东间布防的第六十二师之钟光仁一个旅。当红军 10 月下旬向南突围到南雄附近时，何键始接南昌行营电告，他下令除留罗霖的第七十七师及地方团队归刘膺古指挥担任"清剿"外，其余主力西调。在 10 月下旬及 11 月 10 日以前，何部的战略部署是依湘江为天然障碍，在粤湘铁路、湘桂公路线各要点，构筑阻击堡垒线。除第六十二师先在衡阳后集中邵阳外，第六十二师、第十九师一部集中衡山、衡阳间；第十五师集中耒阳、郴州间，南与粤省南路军于坪石衔接；第十六师先集柳州后调零陵（永州）；第十九师主力当时已由贵州回抵祁阳、零陵地区，使粤汉南段及衡（阳）、永（州）间形成一道封锁线，防止红军西进。各部均火速加筑工事。其余临时配属西路军指挥的第二十三师、第五十三师则均由赣西分向湘南推进中。当红军 11 月 3 日开始进入湘南突破防守汝城之第六十二师钟光仁旅防线时，全湘震动。何键来往于萍乡、长沙、衡阳、宝庆间布防，深怕湖南地盘难保，非常焦急。（1945 年秋，何任军委抚恤总监到南昌青云谱慰问第九战区复员军官时，亲和我谈过这段事情。）

（二）陈济棠的南路军（原系西南政府第一集团军）实力近五十个团，区分三个军、四个独立师、一个教导师、两个独立旅及一个警备旅和几个独立团。参加第五次"围剿"时原区分余汉谋第一军为第一纵队，李扬敬第三军为第二纵队，守备赣南、闽西地区。当红军西征首先突破信丰、南雄防线时，陈济棠除留第三军李扬敬及独一师黄任寰、独二师张瑞贵守粤东北门户防共防蒋进入外，其余全部主力，以第一军余汉谋主力尾追，以第二军张达部（前军长香翰屏）及独三师李汉魂、独四师邓龙光、教导师缪培南、独二旅陈章、警卫旅陈汉光等布置于曲江、南雄、仁化间和曲江、坪石间防堵。陈济棠本人设行营于曲江坐镇。10 月底，陈将余汉谋指挥下的第二师叶肇部、独二旅陈章部及独三师归李汉魂指挥，编成一个纵队，布置于乐昌、仁化及湖南汝城间，与西路军联系，利用原有碉堡守护粤北门户。这个纵队于 11 月 11 日在延寿九峰（乐昌境内）地区与红军第一军团林彪部、红九军团罗炳辉部后卫遭遇，于延寿、靶子场、珊瑚岗地区激战一昼夜，伤亡千余人，红军也有很大伤亡。陈济棠为安定广东人心，曾以此役向各方告捷，说是毙伤红军五千，俘八千余。后来红军通过粤汉线进入湘南，一部南下粤边连县、星子时，陈济棠令邓龙光堵击，当时粤军情况是慌乱的。但南路兵力却相当雄厚，其留粤闽边的兵力，陈仍在继续西调，增援粤北。

（三）李宗仁、白崇禧指挥的桂军（原西南政府第四集团军）共有两个军：第七军廖磊部，辖第十九师周祖晃、第二十四师覃联芳①，曾于是年8、9月间，追红军第六军团西进至贵州黔东，10月开始调回桂林附近；第十五军白崇禧部（夏威代军长），辖第四十三师黄镇国、第四十四师王赞斌、第四十五师韦云淞，11月上旬以来，利用地方民团，沿湘江修碉，布防于桂北恭城、贺县、富川、灌阳、全州间。由于地瘠、民穷、兵单（桂军共有十六个团，只是粤军的三分之一），防线过广，当时捉襟见肘，恐慌万状。其第四十四师王赞斌部原调在赣南、安远、寻乌间归陈济棠指挥，已于10月以前调回广西沿湘江布防。在全部桂军中，以这个师对红军作战有些经验。

从以上情况总计，参加这次追堵于湘粤边、湘桂边的兵力，中央军九个师、湘军七个师加一旅、桂军五个师、粤军在粤湘边的约八个师加一个独立旅，合为三十个师，按番号有三十万人左右。（中央军缺员较多，但桂北、粤北、湘南的地方团队几万人尚不计在内。）

衡阳策定军事计划

薛岳于11月16日左右抵衡阳，会见新发表的顶头上司（"追剿"军总司令）何键后，遵照蒋介石指示，先后分别召集各军军长刘建绪、吴奇伟、周浑元、李云杰、李韫珩等及各路军参谋长柳善等会商"追剿"计划并面授机宜。何键又派刘建绪为代表至广西全州，与广西第四集团军副总司令白崇禧、军长廖磊、夏威等，遵照南昌行营决策，协商、布置湘江堵截计划。何键在衡阳督战时，曾分电各军，勉各将士立奇功，悬赏缉拿红军首领，甚至规定："除南昌行营原定拿获朱德、毛泽东、周恩来、彭德怀各赏十万元外，如在湘境长追拿获者，另增赏五万元。"薛岳与何键在衡阳策定的军事计划要点为下。

敌情判断

据南昌行营及南路军战报与沿途作战所得资料估计，红军西进番号有一、三、五、八、九等五个军团由朱德、毛泽东亲自率领；正规红军与地方部队、民夫等通过余汉谋防线时，人数当在十万以上。惟沿途被截追于粤、赣边及

---

① 覃联芳，应为"覃连芳"。

粤、湘边损耗很大。据湘南民团指挥胡凤璋及汝城县陶县长报告：红军通过文明司时，实有人数约六七万人（内民夫很多）。薛岳向何键提出对红军战力估计：红一军团林彪部系朱、毛起家的嫡系部队，1927年冬至1929年，曾在湘、赣边活动过，战力最强，善于机动与突击，所辖第一、二两师曾在延寿与粤军李汉魂部发生遭遇战，颇有伤亡。林彪是黄埔四期生，湖北人，当时年未满三十。红三军团彭德怀部（辖第四、五、六师）非嫡系红军，1928年彭在湘军充团长，于平江起义，所部在湘、赣边扩充后，在江西、福建方面作战也尚能打硬仗；据说该军团有不少湘军旧官兵，并具有一定独立性，在红军中仅次于红一军团；彭出身湖南讲武堂，作战骁勇沉着。红五军团董振堂部，所辖第十三师、三十四师，在江西作战时期表现有顽强的防御力；该军团多北方各省士兵，董振堂原是第二十六路军孙连仲部旅长，后在宁都起义；该军成分不纯，突围以来一向打后卫；如发现此番号应加以猛击。红八军团军团长不详，在江西"围剿"时没有发现此番号，当然是新组建部队，战斗力不会强；突围几次出现在侧翼，可能是牵制掩护军团。红九军团罗炳辉部，罗为云南人，出身云南讲武堂，原在朱培德的滇军第三军当过营长，1928到1929年间在江西吉安率民团起义；该军团有不少滇籍官兵，军团编成历史几度变动；当在江西时，该军团有一定机动能力，比诸红一、三军团较差，突围以来多任侧翼掩护。查红军总部及共产党中央确随红一军团之后行动，据在文明司向"追剿"军投降的自称红军某团团长谢×自述，已完全证实不误。（谢系黄埔一期毕业，湖南汝城人，我在抗战后期于文明司里田见过其人，谈过其事。当地民众知之颇详。）据飞机侦察，红军行军迟缓，远非江西时期可比。

薛岳综合红军的行动做下列判断："敌军企图从湖南西北入湘西与贺龙合股，公算不大；徘徊于粤边之连县，桂边贺富地区迟迟不动，南入粤桂，生存不易，因之公算也小。全面观察，企图西行，强渡湘江入桂转黔，步萧克故伎可能性大。为此，'追剿'军按照行营指示，利用湘江地障，加以追堵是刻不容缓的措施。"

追堵作战方针

关于利用湘江地障进行追堵方针（薛岳、柳善在战后曾对我谈过，现在只能记起主要内容）：共军西窜，沿萧克旧路强渡湘江入桂黔的企图日趋明显，"追剿"军基于行营指示，利用湘江地障，一面猛追，一面猛堵，以强有力之一部，协同广西友军扼守全州迄灌阳以北四关，并沿湘江布防堵截，主力衔尾追击，并先占道县；另以一部机动于祁阳、零陵、全州间作为战略预备，以防共军取道零陵北进；俟在湘江将其击破后，加以"追歼"。

基于以上方针，由何、薛决定"追剿"军作战要领：如红军全力渡湘江西上，即照原定方针，湘江沿岸堵击兵团协同地方军队进行堵截，迟滞红军行动，使尾追部队进行"追歼"；如红军在道县附近向南进入桂境贺（川）富（县）①地区时，追击兵团进行穷追，配合富川堵击的地方军队共同行动；如红军不经道县由宁远北经零陵，向东安西北进洪江，企图与湘西萧（克）、贺（龙）会合，即将原堵击兵团与机动兵团，进行东西截击。

作战序列

"追剿"军总司令何键；

前敌总指挥兼第六路军总指挥薛岳；

第一纵队指挥官（原第二十八军军长）刘建绪，辖第十六师章亮基、第十九师李觉、第六十二师陶广、第六十三师陈光中（原辖的第十五师拨第四纵队指挥）；

第二纵队指挥官（原第六路军副总指挥兼第四军军长）吴奇伟，辖第五十九师韩汉英、第九十师欧震；

第三纵队指挥官（原第三十六军军长）周浑元，辖第五师谢溥福、第九十六师萧致平、第十三师万耀煌；

第四纵队指挥官（原第二十七军军长）李云杰，辖第二十三师李云杰、第十五师王东原；

第五纵队指挥官（原第十六军军长）李韫珩，辖第五十三师李韫珩；

机动纵队指挥官由第六路总指挥薛岳自兼，直辖第九十二师梁华盛、第九十三师唐云山及第五军第九十九师郭思演、第一支队惠济（该支队12月中旬追抵湖南芷江时，脱离薛岳的指挥）。

作战任务与部署

①第一纵队先行入桂，限10月25日以前到达全州，沿湘江布防，北自觉山、朱蓝铺②，南至永安关与广西第十五军切取联系。

---

① 贺（川）富（县），应为"贺（县）富（川）"。

② 朱蓝铺，应为"朱兰铺"，亦写作"珠兰铺"。下同。

②第三纵队经桂阳、新田直趋宁远，跟踪红军追击，并先占领道县固守，阻止红军南移，压迫其向西行，予以追击。

③第四纵队先于宜章、嘉禾地区"清剿"，利用该部官兵人事地形熟悉，跟踪进占宁远，阻击红军向零陵北进；如发现红军有久据湘南企图，即发动地方团队进行围攻（该纵队第二十三师多嘉禾人）。

④第五纵队经宜章、临武与南路粤军李汉魂纵队联系，利用该部官兵熟悉地形便利（该部多是湖南宁远人），并指挥地方民团对蓝山、江华进行截击，并确保第三纵队左翼安全，打破红军南下企图。如发现红军有久据湖南企图，即组织团队进行围攻；如红军继续西上，即行追击。

⑤前敌总部率领之第二及机动两纵队为机动兵团（一般称薛岳率领五个师一个支队，即指此两纵队），沿湘桂公路经祁阳、零陵向黄沙河前进，策应追堵各纵队之作战，主要防红军北上。

湘江作战经过纪要

国民党军自 11 月 17 日起，依蒋介石指示，全线急行跟踪红军，进行追击与布置堵击。何键、薛岳在空军指挥官毛邦初帮助下，一面散发告红军官兵书，进行利诱；一面每日派飞机轮番侦察轰炸（据陆大同学刘牧群说，他任空军队长时，参加湘南追击战的飞机是两个中队，飞机是三十余架）。同时分电转达国民党中常会慰劳前方将士的电文，"迅予追歼，以竟全功"。薛岳并接粤省南路军李汉魂、邓龙光、缪培南等师长（老第四军同事）来电，表示粤湘边大军云集，愿以全力相助。

湘南方面的追击

在湘南的追击，没有大的战役，只有在嘉禾之仙人桥，宁远之天堂、洪观、蒋家岭、水车等地及道县城发生十余次小战斗，但给予红军特别是辎重与后卫部队造成的损失却很大。

［第］四纵队李云杰指挥第二十三师和配属的［第］十五师 11 月 19 日追至嘉禾（李云杰的故乡），当时地方团队指挥官欧冠全力协助李部在仙人桥附近与红军遭遇，随即进抵宁远（李韫珩的故乡）洪观附近及宁远城南万石山与红军后卫发生战斗。

第三纵队周浑元指挥第五、十三、九十六等三个师，由资兴、郴县、宜章、桂阳、新田、宁远分途尾追，没有大接触，直至 20 日进抵宁远梧溪洞、天堂附近与红军第一、三军团接触，互有伤亡。周浑元在红军南撤之后，即向薛岳、何键告捷。薛岳向蒋介石虚报周纵队协助李纵队在天堂"歼敌逾千"，吹嘘中央军入湘所向无敌。周纵队 24 日经蒋家岭，25 日渡潇水，由白马进占道县，即在城郊附近为红军牵制，无法西进，但对红军西南行动也增加阻力。据周浑元电告薛岳，红军主力 26 日后均西去，判断红军强渡湘江公算最大。（后来在水车俘红五军团军官供称，27 日以后，红军先头已强渡湘江。）

第五纵队李韫珩部先于 21 日由临武向蓝山、江华尾追红军第八、九军团，仅有小接触。由于红军经过嘉禾、宁远只是假道，蒋介石想利用湖南二李（李云杰、李韫珩）的子弟兵打红军的企图没有得逞。李纵队随即向下灌前进与粤纵队李汉魂部（只带第二、独三两师，其独二旅陈章部在延寿损失过大，已撤下乐昌整理），分别由临武经连县之星子，取道蓝山、大桥向江华前进，仍只有小接触，没有大战斗。

当周浑元部到道县时，红军第一、三、八、九各军团在道县附近进行游击，一部在寿佛寺，一部在王母桥，一部在永明，似有入桂模样；其后卫红五军团在把戏河牵制李云杰部，向西南前进。此时，蒋介石发来有（25 日）电，以"追剿"军主力偏在西北，须防红军进入桂境富（川）贺（县）；而薛岳接电后，则建议何键及蒋介石，仍照原计划行动，认为红军在道县、永明附近之行动是佯动，旨在引诱"追剿"军南进，放松对湘江堵截措施；并电告周浑元排除红军侧翼及后卫牵制，"力求压迫其主力决战于湘江，进入我天炉阵（即利用湘江地障，进行前堵后追左右截击之意）而击破之"。29 日红军先头［第］一、三军团神速地到达湘江附近的文市、永安关与夏威军接触，并在全州觉山附近与刘建绪纵队接触。周浑元、李云杰、李韫珩等部跟踪追击，在龙虎关、永安关以东水车附近，将红五军团后卫击破，尾追至湘江附近。

以上是薛部各军包括粤纵队追击红军半个月来的主要战况。

全州觉山的堵击

在全州担任截堵任务的第一纵队刘建绪部（何键的基本部队）原配属第十六、十九、六十二、六十三四个师，因集结时间限制太急只有陈光中的第六十三师由宝庆抵达全州，章亮基的第十六师由郴州抵达全州，分别于 11 月

25 日布防湘江觉山、朱蓝铺之线，而李觉的第十九师和陶广的第六十二师尚在零陵至全州黄沙河途中，未及赶到。关于全州防务，刘建绪事先于 24 日（或 25 日）虽与白崇禧协商堵击计划，（据薛岳对我说，恐怕中央军到广西地区布防，会引起李、白误会，行营才决定由刘纵队开至全州。）由于部队到迟，除利用桂军及民团原修的碉堡外（追堵红六军团时的旧碉），新碉与其他野战工事均未完成。在 27 日下午有点情况，28 日，就在全州、兴安间的勾牌山、沙子岭迄西延湾，发现红军企图偷渡。第十六师章亮基部，在觉山附近之下坡田与红军先行接触，由 28 日夜打至 29 日夜。在朱蓝铺、白沙铺的第六十三师陈光中部，也与红军发生接触，来电告急。当时刘建绪惊慌失措，以为红军如渡过湘江，湘军责任重大，随即令陶广的［第］六十二师由黄沙河兼程赶往增援，并令由零陵开全州途中的李觉第十九师火速前来。何键得报，立由衡阳派飞机十余架轮番助战；蒋介石电派毛邦初在空中督战。薛岳所直辖的第二纵队吴奇伟部，先头已由祁阳、零陵向全州、黄沙河、庙头急行，希能及时加入堵截战斗。

湘江战斗也称全州战斗，在觉山打了两昼夜，向红军打冲锋十余次。这时红一军团掩护主力突围强渡湘江，章、陈两师利用地形压迫红一军团于徭子江[①]口，依山对峙。是役战斗颇为惨烈，双方伤亡颇大，为红军长征中被堵截战斗较猛较长的一次。1936 年据曾任湘军原十六师师长的彭位仁（在中央军校高教班和我同过学，被何键撤职）对我说：当时觉山战斗，刘建绪报"斩获数千"，红军突破湘江，蒋介石不但未追究刘的罪责，且由南昌行营通令嘉奖；后来蒋介石收买刘建绪，蒋、刘直接发生了关系，由刘接替何键的第四路军总指挥职，夺取了何的军权。

灌阳新圩战役

湘江追堵计划中，蒋介石决定全州附近地段归何键主力部队防守，灌阳以北四关（永安、清水、龙虎）[②]则由桂军防守。这些地区如全州〈的〉［、］灌阳、湘江西岸渡河点，曾派民团修过碉堡。在恭城、灌阳于兴安间采取坚壁清野的措施；惟兵少防宽，自 11 月下旬红八、九军团在湘南江华、永明向富（川）

---

① 徭子江，应为"鹞子江"。
② 原文如此。

贺（县）边活动后，桂军第十五军（其第七军一部留桂林外围不能调动）各师的布防举棋不定。事后薛岳常说：当时桂军如惊弓之鸟一样，一面既要防富川红军南下，一面又要防红军西上，同时对中央军又不放心。结果他们为了保全实力，除留韦云淞（第四十五师）防堵富（川）贺（县）红军外，将主力撤开湘江正面，只留少数部队监视，只在灌阳、兴安打机动战。

当红军不入富贺地区，于26日渡过潇水，向西进迫灌阳北西〔四〕关入文市及全州的丙谷、石塘，从界首地区渡江时，桂军竟未与湘军刘建绪联系，将第十五军之第四十三、四十四两师及第七军之第二十四师均撤至灌阳北苏江、新圩、咸水之线，实行侧击，拒止红军南进。11月29日左右红军主力由界首附近通过湘江后，桂军于灌阳、新圩附近对红三军团及红八、九军团之一部做侧面疯狂的阻击，战斗达三昼夜，双方均有很大伤亡，红军方面尤甚。嗣后红军自动停攻，全部向西延（今资源）地区西进时，桂军惊魂始定，派部尾追；一面收容红军落后士兵作为俘虏告捷，一面派地方民团沿红军经过道路烧房子，诬蔑红军"杀人放火"。

在12月上旬，国民党五中全会召开前，桂方大肆宣传"广西十万民团获有七千俘虏"，并宣称桂军在湘江击败红军第三、八、九共三个军团，湘军打败红一军团，中央军只击败后卫红五军团，借以压低别人，夸耀自己。薛岳对此大为吃醋，曾向蒋介石、陈诚揭露过李、白的真相。（薛岳前于1930年至1932年投桂系时，与白崇禧关系一向很坏。）

对红军的危害

湘江战役，从红军11月13日西进，越过粤汉铁路南段，进入湘南开始，迄12月2日全部渡过湘江，继续西征止，共二十天。若从离开江西瑞金算起，计时已五十天。在这阶段时间，红军的损失是比较严重的。红军长征向西突围时，兵力逾十万（确数不详），但经过湘江战役后，据广西第四集团军桂林行营电告第六路总指挥部说，红军通过广西境内的不足四万人，其中第五、第八两军团是溃不成军，红一、三、九军团损失也很大，估计达六万人以上。当然，主要是长途跋涉的损耗，尤以后勤辎重部队散失最多；其次是战场损耗，特别是在湖南及湘江战役的伤亡。下面回忆一些事例。

（1）在战场上，粤军（南路军）第一军、第二军在江西信丰、安远间和大庾、南雄间给红三、五军团；在湖南汝城与广东仁化、乐昌间特别是在延寿、九峰地区，给红一、九军团的危害很大。据李汉魂、陈章后来对我说：红军在此地区散失与落伍，被粤军所收容的达万余人。据叶肇后来说，当时粤军对俘获红军士兵予以资遣或补充，对红军军官一般都采取秘密处决，照蒋介石规定送感化院的甚少。后来，有些红军在粤、湘、赣边被截击掉队、散在边区打游击的，有好几支部队数以千计。湘军陶广师、王东原师在汝城、宜章和粤汉[铁路]南段对红军有些危害。薛岳部周浑元军，湘军李云杰、李韫珩各军在嘉禾、蓝山、宁远、道县地区，特别在宁远天堂附近、道县附近，对红军各军团的袭击，危害后勤部队很大。周浑元、李云杰两纵队在追击途中，在道县以西水车附近及桂境杨家河、永安关附近，沿湘江边与湘军陈光中部合力袭击红五军团主力；红五军团本为后卫，并在侧翼掩护红八军团，此役几乎损失过半。湘军刘建绪军主力在觉山、朱蓝铺（全州附近）和红一军团打了两天，危害也很大。何键当时是以夸耀觉山大捷来掩盖湘军对湘江封锁不力的败绩。桂军在灌阳北四关只有小战斗，后来在灌阳新圩附近，与红三军团打了二三天，给该军团危害也很严重（具体数目不详）。

（2）红军渡过湘江后，何键在湘南成立湖南善后处，划郴县、宜章、汝城、临武、桂阳、新田、宁远、嘉禾、江华、蓝山、永明、道县等县为特别区，将各地收容被俘的红军士兵一律集中，然后分别资遣或"感化"，据说达数千人。同时，该特区也将收容的中央军落伍兵两三千人加以处理；并在红军通过与作战期间，对所谓有赤化嫌疑的民众一律加以清查迫害。1944年，欧冠在湖南任行政专员，我带领新编第二十师追日寇过宁远时，据欧的部属王自强（曾随李韫珩任过团长）对我介绍，欧在湘南杀共产党人难以数计，尤其在湘南农民暴动及红军突围时期，比胡凤璋还凶。

（3）在湘粤边、湘桂边追击红军，由于是中央军第六路军与湘军第四路军联合作战，薛岳所带九个师总的方面要受何键指挥，按作战序列薛也可指挥湘军的第四路军。但第四路军各军师也不买账。在粤、桂军陈济棠、李宗仁方面，虽是联合作战，尽管有多方面电报联系，但各怀鬼胎，通力合作却不可能。中央军与地方军反共本质虽一样，但对红军作战方针不同。粤、湘、桂军只要红军在粤、湘、桂不是久留创立根据地的话，也可送送迎迎，而中央军薛部没有境域观念，任何时候都要死拼，否则就有被撤职查办的危险。此役薛岳所带的部队，除周浑元三个师加入战斗外，他亲率的两个纵队几个师作为机动兵团，在战役中未打过仗；天天跑路，落伍遍地（按：该路军在赣湘地境落伍、伤病官兵，事后调查共九千余人），疲于奔命。但薛岳名利心非常强，看到粤军在延寿之役，桂军在灌阳新圩之役，湘军在全州觉山之役的告捷，分别受到蒋介石嘉奖时，就要吃醋，说别人"车大炮"（粤语"吹牛"之意）；特别是周纵队在宁远、道县及湘江东岸追击获有战果（危害红五军团）未受嘉奖，他很怪何键偏心，有些愤怒。他说："湘、桂军不是我们中央军监视压迫他们，一仗也不会打呀。"

总的说来，红军在这次战役中，虽是损失很大，最后终于渡过湘江，突破层层封锁线，开辟了新战场。

由湘桂边境长追入黔

1934年12月2日，中央红军渡过湘江后，即经西延、龙胜边沿山岳地区北进。蒋介石唯恐红军再度回湘与贺龙部会师，急忙命令薛岳布置堵截。

当时，桂军李宗仁侦悉红军无久留广西企图，只派不足两个师的兵力在越城岭大苗山下监视了事。后来在蒋介石一再电催下，李宗仁才派廖磊带周、覃两个师，再度入贵州边境（据李汉魂谈，当时，广东也要求派兵入贵州，但蒋介石却婉言劝阻）。

"追剿"军总部何键不愿将全〔权〕力交给前敌总指挥薛岳指挥，怕第四路军所辖的第一、第四、第五等三个纵队调交给薛岳指挥，离开湘境，脱离自己指挥，影响自己的实力，对他统治湖南不利。因此，便与薛岳协商，将"追剿"军分为两个兵团：以刘建绪为第一兵团，率第一、四、五纵队原湘军各师沿新宁、城步、绥宁、靖县进行堵击；以薛岳为第二兵团，直辖的两个纵队不入桂境，由黄沙河、庙头取道东安、武冈、洪江、芷江等地，堵拦红军北上，其所率的第二纵队周浑元部则进入桂境，在湘军之后向红军尾追。何键的总部虽由衡阳移至宝庆（今邵阳市）"督剿"，实际上看到红军西征，额手称庆，喜在心头。当时，何键隐忧的事情却是红二军团自与萧克的红六军团会合后，声势逐渐扩大，在湘西的桑植、大庸步步发展。在江西红军主力渡湘江时，红二、六军团为策应中央红军作战，乘湘军全力调往湘南时，就东下包围常德、桃源，威胁岳阳、长沙。当时，何键无兵可调，蒋介石才由湘鄂边调来湘西绥宁布防的第四十三军郭汝栋部（主要辖第二十六师）往援。迨12月13日（或14日）红军由通道转入贵州黎平地境时，何键怕自己嫡系入黔脱离自己指挥，一再电请蒋介石将第十九师李觉部、第十六师章亮基部、第六十二师陶广部调至湘西沅陵集结，布置进攻红二、六军团；其余湘军第十五、六十三、二十三、五十三等四个师由刘建绪率领跟踪追击。薛岳所率各纵队约在12月22日，先头已进抵贵州玉屏附近进行堵截。

当红军经湖南通道转入贵州黎平时，如入无人之境，除侧卫、后卫红五、九军团被湘军王东原、陈光中尾追稍有战斗外，红军主力经锦屏、剑河、台江进抵黔东重镇镇远。薛岳统率的中央军先头第九十二师梁华盛部，只在镇远西镇雄关与红军后卫第五军团打了几小时，以后沿途主力均未有大接触。第六路军副总指挥兼第二纵队指挥官吴奇伟率部于12月底抵重安江，并与黔军第二十五军副军长兼前敌指挥犹国才、师长何知重等取得联络。这时红军已经黄平、余庆扫荡黔军的少数阻截部队，进抵乌江南岸，全黔震动。刘建绪率部尾追，经锦屏于是年年底到达镇远。周浑元率部经三穗施洞口到黄平附近，沿途没有战斗。但当时中央军入黔的八个师（惠济支队所辖张耀明、郑洞国两个旅已他调归建）及湘军的四个师疲惫万分；时值严冬，衣履不全，官兵情绪很坏。他们认为战场未被打死，却在路上拖死；惟在薛岳督催之下，有无可奈何之感。

中央军抵黔后，据所了解的黔军第二十五军共有五个师。在红军抵黔境前，军长王家烈奉蒋介石电令率部在黔东布置堵击后（当时王家烈与犹国才已和好），一面令各县修碉堡、藏粮食，一面委副军长犹国才为前敌指挥，并调犹部所辖的独立第一师主力东开参战；另委第一师师长何知重为前敌副指挥，指挥第一师、第二师（柏辉章）进出黔东。当红军先头部队12月16日抵黎平、剑河附近时，黔军周芳仁旅虽进行抵抗，但一触即行避开。当红军进抵黔东镇远、施秉、黄平、瓮安之线时，黔军李成章、杜肇华、简文波、犹禹九、皮德沛各旅均有接触，但无招架之力。黔军虽称二十五六个团人，但编制复杂，装备不良，训练很差（官兵有吃鸦片烟的）。由于红军西征引起中央军入黔，当时黔军军心很乱；尤以军内各师人事背景不一，各成实力体系。王家烈所能掌握的只[第]一、二两个师较有战力，其余各部战斗力却薄弱。这些情况早为薛岳所洞悉。1935年1月4日王家烈在马场坪迎接薛岳，讨论追截计划时，薛竟居〔倨〕傲无礼，因如何对付地方军阀问题，他已心中有数。至于黔军第三师（蒋在珍）及教导师（侯之担）则一向为王家烈留置在乌江北岸，自行割据，王并委侯之担任后备指挥，扼守遵义。因此，守乌江的任务，便落在侯的身上。侯部号称两旅，实力不足四个团，由第一旅旅长林秀生、第三旅旅长刘翰吾率领，并指挥沿江各县地方团防守沿江茶山关、羊岩关、孙家渡、老渡口、江界河、袁家渡、梁家渡、岩门、回尤司各渡口。（后来，侯另调川南边防部队两个团增防，王家烈另拨驻湄潭的万式炯团受其指挥，守乌江部队共凑成六个多团。）

虽然乌江天险（主要是两岸多崖壁，江宽急流）易守难攻，但红军进展很快，在1月3、4日左右，中央军薛岳部先头甫抵贵阳附近时，红军就在江界河、茶山关等渡口突破了乌江；薛岳率中央军抵贵阳之日（1935年1月7日），红军占领了遵义。蒋介石来电令薛岳转命王家烈的第二十五军归入第六路军战斗序列，迅速布置与周浑元纵队合力衔尾紧追。蒋介石另电何键要刘建绪所率湘军各师，由镇远进占石阡、印江继续北进，与鄂军徐源泉部派驻彭水部队联系，构成黔东北阻截线，防止中央红军东向与红二、六军团会合。

以上是薛岳追抵贵阳后，尚未布置黔北追堵计划以前的双方的战略态势。

（选自中国人民政治协商会议全国委员会文史资料委员会编：《围追堵截红军长征亲历记》上册，中国文史出版社1991年版）

李云杰参与堵击中央红军的情况

君讳云杰[①]，字俊三，湖南嘉禾人。少善击技，尤习算，民国初，卒业保定军官学校，以工兵连长起家……自共产党"蹂"江西，据赣水上游，依险阻傅蒋潢处，时出"剽掠"，所至残破，官军数逐捕，不得。二十年[②]六月，朝命数军聚攻之，君以［第］二十七军军长兼故师长与役。至南昌，经临川、崇仁、宜黄，进克乐安、太湖坪、藤田、沙溪。九月，至头陂，头陂当广昌宁都冲，君筑碉楼周其地，制"贼"侵轶，守三月，未尝遇警。……明年，……二月，移师南城，就四郊筑碉楼数十，弥望顾岳张棋枰。"贼"虽拳捷，则不能入已。八月，"贼"大举北犯，乐安、宜黄、崇仁皆陷，进逼临川，南昌惧。时［第］八师、［第］二十四师皆自南丰退守南城，被令听君节制，"贼"攻南城三日，守坚不能动，君出击。"贼"退南丰，因东犯福建，君要击于西城桥，大破之。十月，"贼"陷金溪，君以［第］二十三师及某师往攻，某师先发，被围。明日，君始自南丰返，方食，告急者踵至，即率部昼夜行百六十里赴之，遇"贼"薄击，积尸满山，"贼"溃。某师得全，众以是服君能。二十二年春，任赣江防守司令，兼制［第］二十八师、［第］七十七师，自泰和至峡江三百余里，筑碉楼千余所，贼无敢引领望者。二十三年秋，"贼"自赣信丰间西犯湖南，被任追击军第四纵队司令，至永兴高亭，"贼"十余万，走宜章，行甚迟。君度桂阳、嘉禾、蓝山间可要击，即率所部诣桂阳，"贼"右翼已至方圆圩，复西南求渡钟水，君要之冷水铺，破之，进至行廊圩仙人桥，"贼"大溃，会日暮，君曰：

---

① 李云杰当时系"追剿"军第四纵队司令。
② 此处为民国纪年。民国二十年即公元1931年。以下民国纪年不另注。

今夜当及嘉禾城。时大雨如注，道泞不得前，蹑屝趣之，犁旦，"贼"前锋亦至，击走之，进据车头桥，"贼"数万来争桥。短兵接，更迭进退，"贼"终不能夺，乃并钟水东岸走蓝山。时"贼"已定计西窜，击之，"贼"以精锐更应战，战七昼夜，"贼"死伤枕藉，自间道走贵州，自是江西无"贼"垒。二十四年夏，被任驻黔第三绥靖区指挥。其冬十二月，殁于贵阳，年四十六。……

（节选自《"国史馆"现藏民国人物传记史料汇编》第二十辑，《李云杰先生碑铭》，台湾"国史馆"编印，1988年。本文标题为选入时本书编者所拟）

"围剿"与追击（节录）

⊙万耀煌[1]

经湘南"追剿"

江西共军的组织远不如鄂东，鄂东之共军组织严密，无懈可击。江西区域指挥统一，国军火力强，比豫鄂之共军容易平定，中共以红三军团彭德怀为前锋，中央干部在中间，第五、第八军团在后卫掩护，最强的第一军团殿后[2]，向西突围。此时，陈济棠为"剿共"军南路军总司令，共军的正面主力便是由陈的防区突破。蒋委员长对之大为不满，令薛岳（第六路总指挥）、吴奇伟（第七纵队）、周浑元（第八纵队）进至湖南境内，归何键指挥追击。追进至黔边时，其战斗序列则改以薛岳为"进剿"军第二兵团总指挥，吴奇伟改任第二兵团第二路司令官，周浑元改任第二兵团第三路司令官。

自从民国二十三年（1934年）10月28日[3]我们开始围攻兴国以来，至11月共军便突围了。我们虽然有碉堡线围住共军，可是碉堡是单线，是阻不住共军突围的，追击时也是困难重重，共军的流动性大，方向不定而飘忽，不能侧击，只好在后面跟进。我第十三师隶属于第八纵队，一路由湖南的汝城、宜章、良田、临汝、桂阳、嘉禾、宁远、道州向前追，湖南的部队刘建绪布置在湘水以西，结果并未能阻止共军西进。我们在追击途中，经过高山峻岭，行动困难，不仅吃尽苦，而且时时可以丧身于峭壁之下，重武器无法携带，弹药也不能多

---

① 作者当时系国民党第十三师师长。

② 此处所述中央红军长征时战斗序列有误。当时中央红军第一、八军团在左，第三、九军团在右，第五军团殿后担任掩护。

③ 此处"10月28日"及下文"11月"有误。中央红军于1934年10月10日便陆续突围。

背，至宁远时与共军发生了一次激战，共军是利用这一仗来拉长与追击部队间的距离。追离江西二十多天，到道州时又打了一仗。追进了广西，广西的民团有零星的抵抗，当然收效甚少。我的便衣前哨到道州永安关以后，与一军队在马鞍山遭遇，我上前派人查询，原来是与桂军廖磊部的［第］二十六师发生误会。共军由灌阳西方的兴安、龙胜、台拱、施秉、黄平、施洞口而进入贵州苗区，从此更是了无阻碍。中央命粤军三个师由张达率领，桂军由廖磊率领追剿，桂军并未照办，只是按兵不动，周浑元纵队经东安、新宁、武冈、洪江、天柱、三槐、施洞口、黄平，薛总指挥经晃线玉屏、施秉、黄平、镇远等地追击，共军乃走余庆、瓮江、息烽，渡乌江至遵义而桐梓。

桂林之游与进驻贵阳

我到全州之后，利用时间去桂林一行，何键之婿李觉也赞成我去，周浑元派他的参谋长余诏伴我同去，白崇禧派他的参谋长徐文明招待我们。徐为江西人，曾与余诏同学。白对我们十分谦恭，白天我们畅游桂林独秀峰、风洞山、象鼻山诸名胜，晚间与白及刘斐等人共餐，只谈广西建设，不触及政治问题。广西的民间组训和教育办得很好，老百姓很能刻苦，每次白都亲自送我们出大门，非常客气。

我们离开桂林复返全州，经东安、新宁至宝庆晤周浑元，我的部队则由洪江入黔。洪江为湖南对西南的交通要冲。过洪江进入贵州以后，一路都是苗区，我在施洞口河左岸江西街度过二十四年（1935年）元旦。迨1月3日行军至黄平，薛岳来电报要我军快去贵阳，其时共军已向北突进，蒋委员长曾命粤桂军至遵义，粤桂军并未遵命，他们怕离省境太远，防务空虚，中央军会乘机进入，不料薛岳即在他们迟疑不决之际，已占机先，先进贵阳。我军于1月9日抵达贵定，贵州省政府派汽车来接，我和周浑元到贵阳，王家烈率省政府人员至南门外欢迎。建设厅［厅］长刘民杰，民国十六年任周西成代表，在宜昌被拘捕，经我营救得释，称我为恩人。此次相见，甚为欢洽。

白崇禧闻讯，急命桂军周祖晃部星夜向贵阳急进，周部到都匀始知中央军已占贵阳，急电向白报告，白闻讯色变，贵阳在战略政略地位之重要可见一斑。我们在贵阳住了一个多月，共军占遵义，黔军犹国才部为共军击溃，侯之担离部队只身去重庆，只剩下王家烈自然无法抗拒，中共控制了贵阳即可控制贵、川、滇各省，云贵鸦片不入广西，广西税收大受影响。

和廖磊一席谈

其时共军张国焘、徐向前等已抵川北，贺龙、萧克等则活动于湘西，亦有入川之势。何键不得不分出兵力阻遏。南昌行营特派参谋团入川，协助刘湘剿共，于元月 12 日抵达重庆。上官云相、郝梦龄等部亦至川东，陈诚主持宜昌行营，指挥一切。而广西方面，李宗仁曾派其大将覃连芳至贵阳，要求贵阳以西之指挥由其负责，蒋委员长当然未同意。我时驻防贵定，薛岳以我与广西将领多有同学之谊，来电要我由贵定去贵阳，相机做点说服工作。适廖磊亦第二次来贵阳，大家晤面闲谈，吴奇伟向廖磊说："你们广西口头抗日，买日本人飞机是什么意思？"廖答："买日本飞机是有其事，但不过是福州人民政府失败后卖给我们的，我们只花三分之一的价钱，此外你能在广西看到日本货吗？"吴说："无论如何，买日本飞机就是证明你们是买日本货了，那还谈什么抗日？"我调解说："我们现在不谈这些，现在内有共党，外有日祸，国内应该团结一致。"廖说："白健生并没有与中央不合作，大家都应该开诚布公，你们不妨去桂林谈谈。"我说："我去桂林，谈的也是冠冕堂皇的话，不会有用。"这一次会谈彼此不欢而散。

（选自万耀煌口述，沈云龙等访问，郭廷以校阅：《万耀煌口述自传》，中国大百科全书出版社 2016 年版）

新桂系对中央红军入桂的
部署及追堵

堵截红军　防蒋入桂

⊙李宗仁 [1]

　　民国二十四年 [2] 冬季，中共号称二十万红军 [3]，忽自江西突围西窜，并自湖南经茶陵、桂东等处，直迫桂北的恭城、灌阳、全县三个县边境。中央当局拟借刀杀人，故任由共军进入广西，并未跟踪追击，一面反捏造电讯，污蔑我们私通共军，居心险恶，令人发指。

　　……

　　民国二十二、［二十］三年间，江西"剿"共战事正炽烈之时，我们也派一师军队假道广东入赣助"剿"。不久，江西共军在中央第五次"围剿"之下，有突围他窜模样，我军乃撤返广西，增加省防。

　　共军此次西窜是由于中央第五次"围剿"战略的结果。这一战略原是采取德籍顾问的建议，一面用碉堡政策，一面建筑公路，稳扎稳打，步步为营，封锁共军，并断绝其食盐的供给，使其坐困。就战略的原则来说，中央应自四方筑碉，重重围困，庶几使共军逃窜无路，整个就地消灭。如不得已要网开一面，也应将缺口开向闽、粤两省，把共军驱至沿海一带，加以消灭。如民国十六年贺、叶南窜，终于在潮汕一带为李济深、黄绍竑所击败，便是一绝好的例证。但此次中央的战略部署却将缺口开向西南，压迫共军西窜。

　　共军入湘之后，按当时情势，中央军本可利用粤汉铁路和湘江，水陆两路南下，截击共军，使其首尾不能相顾。而蒋先生却屯兵湘北，任共军西行，然

────────────

① 作者当时系国民党第四集团军总司令。
② 民国二十四年即公元 1935 年，此处应为"民国二十三年"，即 1934 年。以下民国纪年不另注。
③ 原文如此。

后中央军缓缓南下，迫使共军入桂。同时，中央宣传机构在海内外大事宣传，捏造截获我们予共军电报，说广西李、白勾结"赤匪"，期待我和共军互斗两败俱伤之后，中央军可有借口入占广西，居心极为阴险。民国二十三年九、十月间，共军先遣部队万余人在萧克率领之下，窜至湘、桂边境，全军十余万人随后跟进，有入桂模样。为应付这一紧急局面，第四集团军总司令部乃下令地方政府，将桂东北各县坚壁清野，以防共军入侵。同时将本省常备军十四个团悉数调往湘、桂边境，由白崇禧指挥，堵截共军入境，全省民团也奉令动员，以为增援的准备。不久，共、我两军遂在湘、桂北边境的全州、灌阳、资源等处发生接触。共军来势极猛，所幸该地山岭重叠，地形险要，易守难攻。我军以寡敌众，共军无法逞其志。经旬余的战斗，共军攻势已有再衰三竭之势，我军乃全面出击，共军狼狈溃窜，伏尸遍野，死伤万余人，被俘七千余人，造成抗战前"剿"共战役中罕有的大捷。

当共我两军正打得血肉模糊之时，中央追兵却在湘中一带作壁上观。京沪一带 CC 系的报纸，更鼓其如簧之舌，极尽颠倒黑白之能事，说共军已和我军妥协合作云云。因此，在共军被我击溃之后，我即发一急电给上海市［市］长吴铁城。略谓，此次共军西窜，我军加以堵截，在湘、桂边境发生激战，共军为我击伤击毙的凡万余人，生俘七千余人。俘虏之中，湘、粤籍的约三千余人，已就地设法遣送还乡。其余四千余人，都是共军在苏、浙、皖、赣一带裹胁来的，就地遣散不易，弟拟租用专轮，将该批俘虏分批运往上海，敬烦吾兄就便遣散回籍，庶使被胁良民返乡务农，并慰其父母妻子喁喁之望，实为德便云云。

吴铁城得电后，立即回电说，请将俘虏就地遣散，千万不必送来上海云云。在我和吴市长数度电报往返后，全国非 CC 系的报纸俱有报导。因而 CC 系报纸造谣中伤的阴谋，适自暴其丑，从此不敢再度造谣了。这也是"剿"共战役中一段有趣的小插曲。

共军既不能得志于广西，乃西窜入黔。我得报后即分电中央和贵州省主席王家烈，建议将湘、黔边境道路彻底破坏，凭险防堵。因湘、黔边境多羊肠小道，一经破坏，共军即运动困难。中央军和我军再从后夹击，则湘黔边区便为远东共党的坟场了。孰知中央置若罔闻，其原因固然是中央别有企图，同时也可能是中央军实在不经打，与其见屈于共军，倒不如保存实力，慢慢跟进，以占领共军离去后的地盘。

二十三年底，共军入黔，贵阳吃紧。为免贵阳沦陷，我遂派廖磊率我军精锐的第七军星夜赴援。共军乃舍贵阳，北窜遵义。嗣后不久，蒋先生即偕顾祝同飞贵阳视察。事毕，蒋先生即原机返京，贵州省主席王家烈亲赴机场送行。当飞机正发动时，蒋先生忽命王主席上机，告诉他说："你随我到南京去！"王家烈闻言大惊，连忙道，我还有事务待亲自处理，且随身也无行李。蒋说，你可招呼随从人员回去收拾，交随行飞机带京。王氏无奈，只得到机舱口吩咐了善后事宜，随蒋先生往南京。不久，中央便发表吴忠信为贵州省主席。所以共军西窜，未替蒋先生打下广西，却打下了一个贵州。

（节选自《沈阳事变后广西之新面貌》，载李宗仁口述，唐德刚撰写：《李宗仁回忆录》，广西人民出版社 1988 年版。本文标题为选入时本书编者所拟）

长途"追剿"（节录）

⊙白崇禧[1]

朱、毛率领一、三、五、七共四个军团[2]约十万人取道赣州、信丰间，窜出江西，中央命令何键之西路军，薛岳之第六路军，周魁元[3]之第八纵队，以及〔第〕二十三、五十三两师，均编为"追剿"军，由何键任总司令指挥追击。中央分电黔、桂两省于边境协助"堵剿"。

桂北"围剿"

江西"剿"共，国军采用碉堡围攻战术逐次缩小范围，共军势日蹙，不得不放弃老巢，贸然突围流窜。二十三年[4]秋，萧克率众二万余人[5]为先驱，自赣入湘，于九月二十日自道县、洪水关、永安关等地附近窜入广西之灌阳、新圩、文市及全县之石塘，兴安之界首，续由资源、龙胜，绕湘桂边境之绥宁、通道窜至黔东入四川。当共军窜经灌阳一带洪水关等地时，遭遇全县民团之痛击，被歼灭一师之众，获机关枪五十余挺，步枪千余支。至十月上旬，朱、毛部之主力军第二、五、七及新编第八共四个军团约十余万人，由朱、毛率领蜂拥入湘，打算沿萧克之旧径西窜。当时广西全部兵力只有两个军共十五个团[6]，即使配合各地民团也无法与共军之势力相比；因此在战略指导上，决定沿恭城、

---

① 作者当时系广西绥靖副主任兼民团总司令。
② 当时中央红军的编制为第一、三、五、八、九共五个军团。
③ 周魁元，应为"周浑元"。
④ 此处为民国纪年。民国二十三年即公元1934年。以下民国纪年不另注。
⑤ 萧克所率的六军团在西征时，人数为九千七百余人，不足一万人。
⑥ 一说为十八个团。

灌阳、兴安一线之各县要点，占领侧面阵地与之作战。置重点于右翼，准备乘其长驱入境之际，拦腰痛击。策略既决，遂征调桂北各县之民团约十二个团队，于全县、灌阳、兴安、龙胜，预料共军必经之地，沿途择要埋伏，并以黄镇国之第四十三师于兴安、韦云淞之第四十五师于灌阳附近作机动使用。全县之守备由民团之指挥官陈恩元负责，龙虎关之守备由民团之指挥官蒋如松负责，各率民团四团防守。并请湘省派刘建绪到全县协防，我亲自坐镇桂林指挥。十一月二十一日[①]，部署甫定，共军已抵境界，首先扑攻龙虎关，双方发生激战，终因防线过长，共军乘隙由永安关以北地区窜陷文市，直趋咸水，经三昼夜之苦战，适第四十四师王赞斌部自江西调回，星夜驰往增援，湘军章亮基部也抵达全县接防，我方士气顿壮。韦、王、黄三个师由防线向北出击，同时陈恩元在全县指挥民团南入夹击，切共军首尾为数段，并包围其一部于文市、咸水，俘虏共军七千余人，获枪械三千余支。我方为纪念此一大捷，特摄有七千俘虏之影片。此外，因民众与民团之合作，厉行空室清野政策，共军所经过约六十公里之正面，找不到颗粒粮食。共军因无法补给，陷于饥饿，计饿毙者不下万余人，朱、毛见无法在广西停留，所以急由龙胜、三江以北地区向贵州逃窜。

检讨这次战役，如刘建绪之部队能努力合作，战果更大。当刘部甫入全州，我们为尽地主之谊，特备酒肉款待，望其饱食之后，协助共同作战。我们派飞机侦察刘部是否行动，驾驶员回来，很怨愤地说："他们不在剿共，而在'抗日'。"原来刘部架着枪在睡觉，驾驶员说的日不是指日本，而是指太阳。

黔滇"追剿"

共军窜入贵州东北后，中央重新调整"剿共"部队，以刘建绪为第一军团辖第一路；薛岳为第二军团辖［第］二、三两路向西"追剿"。第二十五师、［第］五十六师移驻瓮安、黄平，截其流窜。十二月二十四日贵州全省部队在黎平、清水河完成"堵剿"部署不久，被共军突破防线，向剑河、三穗等地北窜，占领台江、镇远后分两路西窜，一由瓮安，主力由息烽北窜。经国军夹击才转向滇黔边境。中央编滇黔部队为二路：第一路辖第五、八纵队，以何键为总司令，指挥徐源泉"围剿"湘西之共军；第二路辖第一、四纵队，以龙云为总司令，

---

① 中央红军进入广西境内的日期应为 11 月 25 日或 26 日。

薛岳为前敌总指挥，在滇黔边境"堵剿"。朱、毛在滇黔境内经国军之"堵剿""围剿"后，补给困难，实力大减，五月三日北渡金沙江至四川与徐向前在川康边境之毛尔盖相会合，后经国军在定县截击，大部溃散；北窜陕西延安与徐海东、刘志丹相勾结。朱、毛窜至延安时，约仅剩余二千五百人。贺龙、萧克本想沿金沙江向北打通国际路线，经国军截击，败而退与朱、毛共流窜延安。此次长途"追剿"，共军损失人数约二十余万。国军所以不能将之完全歼灭的原因，主要是部队素质不一，未能同心勠力；以致形成追击迟缓、堵击不力的结果。譬如，共军窜至贵州时，国军不仅堵不住，反而被其打败；龙云部队若勠力"剿"共，共军根本不能渡过金沙江。

......

"剿共"之教训与经验。共产党是我们的敌人，要认识他才能战胜他。兵法所谓"知己知彼，百战百胜；不知己而知彼，一胜一败；不知己而不知彼，每战必败"。为了提供后世史家之研究，我特叙述自己之认识于下：

（1）共方是有主义、有组织、有国际支持之政党，绝不能以旧式打家劫舍之土匪看待。

（2）共军占领区之组织是结合党政军民一体，也是总体之组织，面之组织，全民之组织。共区之人民无论老、弱、妇、孺、残废都要接受政治与军事之训练，按其体能分配工作。

国军自十六年迄三十六年，于二十一年之"剿共"历史中，以江西五次"围剿"之规模最大。五次中四次失败，最后一次成功，推究其成败原因于下：

1.四次失败之原因：

（1）不了解共军之本质；

（2）不注重组织；

（3）以纯军事战对总体战，不能超越旧时战争之原则，不能活用新式战争之原则；

（4）低估对方兵力，所以有张辉瓒全师覆灭之惨痛教训；

（5）内忧外患使得第三与第四两次"围剿"中止于功败垂成之际。

2.第五次"围剿"能成功之最大原因，是筑碉、修路，建立保甲，组织民众，以总体战对总体战。

（选自苏志荣等编：《白崇禧回忆录》，解放军出版社1987年版）

李、白、黄召开南宁桃源路会议内幕

⊙周　邦

1934 年，红军突围北上时，蒋介石以中央名义向各省发出命令，要他们调动兵力，在红军前进路上阻拦或侧面夹击，或跟踪尾追，务期将红军消灭。

斯时，李、白在奉到蒋的命令之后，即由白崇禧在南宁桃源路公馆召开了一个绝密的军事会议（是时，李宗仁在广州，由白崇禧全权主持），出席的除白崇禧本人外，有第四集团军总参谋长叶琪、第七军军长廖磊、龙州对汛督办李品仙、广西省主席黄旭初、民政厅〔厅〕长雷殷、第十五军副军长夏威、参谋处〔处〕长张壮生、政训处〔处〕长王公度，列席记录的总部机要秘书莫违义、省府机要秘书赵征麟等人。

会议内容主要为商议决定如何对付共产党的军队过境的问题。白崇禧的主要顾虑为共军入境时蒋介石的军队必然尾追，必然跟踪入境，这样一来，共军岂不变成了蒋介石的先锋队了吗？"剿共"岂不是变成了自剿了吗？蒋介石老奸巨猾，专会以权术及诡计挖别人的墙脚。蒋要吞并广西，此次他必然要抓住这个机会来搞垮广西的。王公度、叶琪等人亦认为，不要和共军正面打硬仗，共军决不会以广西为根据地，因为共产党已经发布了北上抗日宣言，其目的地必然在西北。如果把军队集结在兴安、全州、灌阳、恭城一带，严阵以待，使共军不入桂北重镇的桂林，只布防而不出击，只要共军不入境，中央军亦不会入境。而共军决不会攻坚，因为攻坚要付出较大的代价，桂北集结了重兵，则共军只能从边界过境。中央军亦无理由入广西境，对共军的零星部队亦可相机出击，兴、全、灌一带由周祖晃、陈恩元所部之第十九师布防，桂林由韦云淞防守，恭城由钟祖培布防。总的局面由白崇禧亲自坐镇桂林指挥。整个军事部署完全采取按兵不动的观望状态，以保全广西的实力。

这个意见虽然是王公度和叶琪提出，但得到白崇禧的赞同。黄旭初与其他各与会高级将领也同意了。会中决定由参谋处（张壮生）拟定具体计划送总司令（白崇禧代理）批准实行。当时李、白、黄最担心的就是蒋介石中央借"剿共"为名，进兵广西，一则"剿共"，二则解除李、白的武装，进驻广西，另派他的嫡系人物来取代李、白、黄执掌桂省军政大权。

果然，红军没有进占广西，蒋介石的中央军亦没有理由向广西进军。李、白保存实力和保持割据局面的愿望达到了。这个桃源路会议其他人员仅有白最亲信之机要秘书和黄的机要秘书，并列席记录，由此可见其秘密之一斑。以上是赵征麟（列席记录人员之一）亲口对我说的。1961年，我曾就此事询问莫违义，也得到了证实。

［选自中国人民政治协商会议广西壮族自治区委员会文史和学习委员会编：《新桂系纪实续编》（二），广西人民出版社 2005 年版］

不拦头，不斩腰，只击尾的"送客"方针

⊙刘 斐①

1934年9月间我由日本陆军大学毕业回国，旅居上海。我因出国已久（1927年春出国），对国内情形诸多隔阂，本想在五方杂处的上海住些时［日］，以便了解各方面的情况，由于中央红军以迅雷不及掩耳之势，突然放弃江西根据地向湘南进军，蒋介石一再电桂系李宗仁、白崇禧竭力防堵，李、白为此寝食不安，他们于调兵遣将做堵击准备之余，电我急赴广西。

当我到达南宁时，大约是10月底或11月初。白崇禧见到我时非常高兴，他说："你来得正好，现在广西处在共军泰山压顶的形势之下，老蒋再三来电，要广西和湖南竭力堵截，务须把共军彻底歼灭于湖南、桂北地区，免遗后患。广西兵力单薄，形势险恶，任务非常艰巨，你是陆军大学毕业的，要来显两手才行呀！我明天到桂北前线去，请你同我一道去看看。"我连行装都来不及换，还穿着西装，也没有甚么名义就同他一路出发了。沿途从白崇禧口中所了解的当时情况，大致如下：

白崇禧说，他在8、9月（1934年）间，见萧克部红军由湘南经桂北、湘西入黔时，就判断江西红军会转移根据地；他认为蒋介石的碉堡政策，对于没有攻坚武器的红军来说，确是一个致命的打击。他说，已预感到共军将来全部西移，届时广西就会受不了。所以当蒋介石在8、9月间要广西阻击萧克所部红军时，白就借口广西兵力单薄，要求把原先调往江西南部协助"围剿"红军的王赞斌师调回广西。白很得意地讲述他自己如何偷偷地到江西安远去的情形，说他当面指示王赞斌秘密集中全师，一俟接防部队（余汉谋部）到达，立即交

---

① 作者当时系国民党第四集团军总部高参。

防就走，毫不迟延。白对这件事越说越有劲地道："这着棋算走对了，不那么样做的话，第四十四师（即王赞斌师）就回不来了。现在他们已由粤北、湖南地区安然回到兴（安）、全（州）、灌（阳）地区，有一个团留在龙虎关设防。就广西说来，只这个师有同共产党军队作战的经验，已要他们在兴安至黄沙河之线沿湘江赶筑碉堡线。湘桂、黔桂边境各县县长，已一律改用军官担任，以便指挥民团协同作战，并协助地方修筑碉堡。"

我记得有一次和白崇禧考虑堵击方案时，白说："你看，我们广西一共只有十八个团兵力，廖磊带两个师（第十九师、第二十四师）追萧克部入黔，现要他们火速回桂林附近集中待命。第十五军（由夏威代领，名义上白是军长）除第四十四师已到兴、全、灌地区外，其余第四十三、四十五两个师，已由柳州及其以西地区向恭城、富川、贺县一带集中。现在共军号称十万，虽说是被老蒋打败了，但……"

我看他停了许久，就接口说："牛虽瘠而卧于豚上，对广西说来是会被它压垮的，何况老蒋的部队又跟在后面。"

白说："是呀！老蒋对广西是不怀好意的，你看我们这个仗怎么打好呢？"

我说："这确是一个难题，输不得，赢也赢不得。"

白说："是呀，我们十八个团，若打输了，共军进广西，老蒋说，'我来替你剿'，广西就是老蒋的了。"

我说："即使打赢了，共军覆灭，广西也已疲惫不堪，蒋介石说，我来替你善后，叫黄季宽（绍竑）回广西，把你们调到中央挂个空名义吃饭，你们就只好卷铺盖走路。"

说来说去，我们首先确定了对红军作战的主要着眼点，或者说总方针就是"送客"。在形式上做出堵击模样，实际上是保全桂军实力，既要阻止红军深入广西腹地，又要避免蒋介石的中央军乘机跟踪入境的双重危险。在具体做法上，应开放一条让红军西进的道路（判断红军当时是企图转移到川滇黔山地，重建根据地），不拦头，不斩腰，只击尾，专从红军后卫部队做文章，以"送客"早走，并敷衍蒋介石。至于究竟如何做法，仍须到实地考虑地形状况再定。

我和白由南宁坐汽车出发，沿途除指示部队向战地附近集中外，很少停留，到桂林亦只略微部署城防，随即赴龙虎关侦察地形，这里是五岭山脉都庞岭的南部，再往南便是萌渚岭。从龙虎关往北循都庞岭主脉绵亘经永安关、清水关，至黄沙河以北的湘江地障，隔江与越城岭相对。这些都是湘桂边境线所在，没有一处不是崇山峻岭，峰峦重叠；北面的永安、清水两关较易通过，龙虎关仅有隘路一条，有"一夫当关，万夫莫敌"之势。

原来第四十四师已留一个团在龙虎关，我们到时，那位团长（名字记不清了）来报告他们筑碉守备情形和当地交通特点，并报告了北面永安关、清水关的概略情况。

我们到龙虎关东口的高地上，展望了关外的形势后，我向白崇禧建议："在这样的地形，有一个坚强的团守住龙虎关是够了的，这里是我们关门拒客的唯一要点，也是我们对北、东、南三面作战的枢轴；我们必须固守，将主力总预备队控置在这里，使共军只能从永安关以北的地区往西走。但也可以设想：共军号称十万，在老蒋从东北面乘胜猛追的压迫下，如果我们在龙虎关一堵，后面追兵又急，则有被迫向南进入我富川、贺县（八步）一带，甚至西渡抚河（桂林至梧州这条河），乘虚进入广西腹地的可能。因此必须以桂东各县民团预先固守抚河沿线大小渡口，阻敌渡河西移，主力以龙虎关为轴由抚河东岸向南侧击，压迫共军于桂东粤北而歼灭之。总而言之，就是主力部队控置在龙虎关附近的恭城地区，机动策应三方面的作战，以有限的兵力，达到确保共军不致进入广西腹地的目的。"这就是当时作战指导的腹案。

白崇禧听我说完后就说："很对，很对！文章就这样做罢！且先把计划定下来。"

于是我根据以上的作战构想，拟定了桂军在桂北地区阻击红军的机动攻势防御计划（详后）。白崇禧看到我所选定的防御阵地线和军队部署时说："战术这东西，确实要很好地学习，我们就这么点兵力（十八个步兵团），对这么大的地区和这样多的敌人，我想来想去不知应怎样使用才能适合，照你这个计划，确实能适应各种不同的情况，真好极了。"于是他就照计划命令各有关部队和民团各就指定的位置，立即开始构筑工事，从事战斗准备。

我们在龙虎关附近的恭城定了计划，下达了必要的作战命令后，即取道桂林转赴全州，准备和湖南方面派来的刘建绪会商湘桂联防问题。白崇禧说："见到刘恢先（建绪）时，千万不能把我们这一套完全告诉他。只说我们根据共军西行企图和中央军衔尾追击的情况，我们准备固守龙虎关，并在灌阳、兴安间占领侧面阵地，相机向北出击，希望湘军由北向南攻击，共伺配合中央军的追击，务求在全州、兴安间的湘江东岸地区，包围共军而歼灭之就够了。"

白的意思是，怕刘建绪知道我们"送客"的企图，会向蒋介石告密讨好。至于湖南方面同样会保存实力，不真正作战，我们也都是心照不宣的。

我们在途中顺便观察了灵川至兴安沿途的地形，在灵川至兴安之间有几处隘路适宜于持久防御，即指示防守部队构筑预备工事，巩固兴安方面守势作战地区的阵地纵深，以便持久抵抗，阻止红军南下桂林。

我们到全州后，和刘建绪见面，商量了一天。由白崇禧说明了广西方面遵照中央意旨，准备在兴、全、灌的湘江东岸地区，由南向北配合中央军之追击协同歼灭敌人的计划要旨，希望湖南方面由正面合围。刘建绪也报告了他所率领的兵力（具体情形已记不起了）和同意由湘南方面配合桂军南北两方夹击的计划，并交换了有关具体协调的通讯联络事项等，即各自返回防地指挥。

刘建绪走后，白崇禧还检查了全州设防情形、民团使用概况；召集有关人员指示应利用全州坚固的城垣，针对红军没有时间攻坚和不敢恋战等有利条件，务须固守全州县城；并指示实行坚壁清野，避免损失，随时搜集和报告红军行动的情况等，然后仍经桂林回恭城指挥所。

从以上情形，也可说明当时蒋介石和地方势力之间，尽管在对待红军问题上有一致的利害关系，但在蒋介石利用追击红军来对地方势力进行兼并时，又和地方势力有尖锐的矛盾。

我们从全州来到恭城指挥所以后，即着手指导作战计划的实施。根据当时的情况判断和已经下达的作战计划（概要）如下：

情况判断

（一）共军似有突破湘桂边境的永安关及其以北之线，进入兴安、全州间地区，再经桂北、湘西入黔、滇、川山地，重建根据地的企图。

（二）但共军在向永安关以北隘路进入时，如受强大的中央追击军的压迫，不能从容从隘路退向桂北时，亦有被迫改从龙虎关附近突破，深入广西腹地的可能。

（三）在我利用龙虎关有利地形，以主力进行坚强阻击，使其感到腹背受敌时，亦有被迫南下，向富川、钟山、贺县，西渡抚河，乘虚进入广西腹地的可能。

作战计划要点

甲、方针

我军以机动决战防御制敌之目的，于灌阳、兴安之线向北占领侧面阵地，主力总预备队控置于恭城附近，巩固龙虎关方面作战枢轴地区的防守，并相机由灌阳方面转移攻势，与北面湘省友军协力，务求于桂北的湘江以东地区，南北夹击而歼灭之。

乙、兵力部署和作战指导要领

（一）以步兵十个团于灌阳亘兴安之线占领阵地。重点保持于灌阳方面计步兵六个团，为攻势防御地区，以廖磊为地区司令官。当敌由桂北西进时，待其主力通过全州之线时，即对其后尾部队转移攻势，以促其早离桂境（这是没有告诉刘建绪的），并收一定战果。

左翼兴安方面为守势防御区，以步兵四个团占领阵地，以夏威为地区司令官，利用纵深阵地拒止敌人南下，以保攻势地区作战之进展，并掩护桂林之安全。

（二）以步兵一个加强团，固守右侧后战略枢轴之龙虎关，形成守势钩形，如敌被迫不能从永安关以北西进，而以主力攻击龙虎关时，应全力固守，并在主力预备队支援下确保现阵地以待主力决战方面之成功。

如敌主力在中央追击军压力下，被迫南下富川、钟山、贺县时，应固守现阵地，掩护主力预备队左背之安全。

（三）以步兵七个团为主力总预备队，位置于恭城附近，为主力决战兵团，适时支援攻势防御区转移攻势；或支援龙虎关守备（加强）团之战斗；特别在敌向富川、贺县、八步抚河东岸地区南下时，应以全力南下攻敌侧背，压迫其向粤北地区与粤军协力歼灭之。

（四）抚河防守部队，调集所有桂东各县民团担任之，每一主要渡口至少有民团一个团的兵力（相当正规军一营的战斗力），沿河固守。在统一指挥下，将所有民船集中控置于抚河西岸。在敌向抚河东岸南下或向抚河攻击时，应固守沿河之线，以配合和支援主力总预备队南下侧击之成功。

作战经过情形

当广西部队部署妥当后，中央红军已如潮水一般汹涌而来，大约于11月22、23日，已到达湖南的道县，搜索部队很快就到了广西边境。除龙虎关附近凭借工事固守外，其他如永安关、清水关等地的警戒部队，即相机撤退。

红军并没有进攻龙虎关，主力迅速由永安关、清水关一带进入广西境内，仍沿9月间萧克率部走过的老路，经文市、石塘圩，于麻子渡亘全州间各渡口渡过湘江，分途由西延、龙胜方面入湖南境的城步、通道地区，再转贵州境内。

红军通过广西北部时，在进路的两侧以坚强的掩护部队形成一条走廊。迄红军主力通过石塘圩时，国民党军周浑元部也到了广西边境。这时据推算大约是11月27、28日左右，白认为红军已没有进攻广西腹地的企图，为免周浑元部深入，就命令原在灌阳附近的部队转移攻势（恭城附近的总预备队亦向前推进），向中央红军新圩附近之掩护阵地攻击。战斗相当激烈，桂军担任攻击的是第四十四师和第二十四师，经过约两天一夜的战斗，南面红军掩护部队即向石塘圩附近撤退，旋即渡湘江西去。桂军第四十四师及第二十四师向石塘圩、文市追击。第四十四师到达石塘圩后继续向麻子渡、界首方向尾追红军；第二十四师由文市西侧向北追击，当到达文市西侧时，即与尾随红军追击而来的周浑元部先头营遭遇，为拒蒋介石中央军于广西境外，桂系军队即向中央军开火，经一小时战斗后，桂军先头团将周部先头营缴械，然后诈说是误会，经解释后将人枪退还了事。

这时证实红军已全部西去，先头已到湖南城步附近。广西方面希望中央军"毋劳入境"，蒋介石也感到"投鼠忌器"，周浑元部乃由文市经全州黄沙河入湖南境；原来由湘南拟出桂北之黄沙河向全州前进的薛岳部，得到消息后，也折回湖南东安，不便再向广西前进。李、白对蒋介石一箭双雕的顾虑，到这时才缓了一口气。

王赞斌的第四十四师向西尾追红军到湘江东岸的界首时，红军后卫已远离接触，白即令第四十四师折回兴安休整，并令在兴安附近担任固守任务的第四十三师续行追击红军。据闻一度在马堤街附近与红军后卫激战一夜，曾报有所俘获。还记得张淦（当时任营长）在全州以西之某地，曾糊糊涂涂钻到红军主力所在的位置去了。在一个村落中被红军围攻了一夜，因红军目的在急于西行，并不恋战，张营才幸免被歼灭。

桂军第二十四师对周浑元部解释误会后，仍向西经界首、龙胜，向湖南境追击，同时归还第七军建制，由军长廖磊率第二十四师及第十九师远追入黔，经榕江、黎平至独山、都匀一带，目的仍在远拒红军，免他再由黔南、桂北进入广西境内。后因红军老在贵州、四川边境绕圈子，白崇禧于11月底又把在兴安附近休整的第四十四师调到桂北的三江县，并以其他部队增强黔桂边境防务，以防红军回师入桂，并防蒋介石的部队乘机南侵，直到中央红军离黔入滇后，形势才缓和下来。

中央红军长征过广西，为时约两星期左右。除在灌阳的新圩和马堤街附近有较大战斗外，其余多系地方团队小部队的行动。

白崇禧为了抵赖蒋介石责备广西堵击不力起见，大肆夸张战斗激烈程度，并谎报俘虏红军战士七千余人，阵亡数以万计，还拍了一部电影从事扩大宣传，吹嘘广西部队的战斗力，用以压低中央军的威风。目的无非是为了恐吓蒋介石不要轻易向广西进攻而已。

（选自中国人民政治协商会议全国委员会文史资料委员会编：《围追堵截红军长征亲历记》上册，中国文史出版社1991年版）

红军长征中白崇禧"开放"湘桂边境的内幕

⊙汤　垚①

蒋介石原定封锁湘桂边境的布置

早在第五次"围剿"时，在蒋介石的督促并允发经费补给军备这个条件下，广东西南政务委员会曾决定派余汉谋、香翰屏率领一个军参加"围剿"，广西亦酌派一个师归余汉谋指挥。白崇禧指派第四十四师王赞斌率莫德宏、周元两个团参加，在出发前谆谆告诫说："广西地瘠民贫，养不起兵，而老蒋又时时想解决我们，不能不多养一些兵，以图自存。现在派你们两个团去'剿'，必须换回四个团的经费补给来，同时你们也不能损伤一个兵、一支枪，这是主要原则。"后来，广西部队参加"围剿"的，由两个团增至四个团，防守地区扩大到安远、龙南、虔南、定南一带。1934年8月间，判断中央苏区红军有突围模样，白崇禧怕部队遭受损失，特亲到安远指示机宜，准备把部队开回广西兴安、灌阳一带，并连电蒋介石说："如为阻挡共军通过湘桂边境，广西部队愿独任其事，但必须先令王赞斌师归还建制，否则兵力单薄，难以抵御。"9月间，蒋介石复电照准，但规定必须在灌阳至全县间占领阵地，不使红军通过湘桂边境。蒋介石的电报说："共军将南窜桂黔，贵部如能尽全力在湘桂边境加以堵截，配合中央大军歼灭之于灌阳、全县之间，则功在党国，所需饷弹，中正不敢吝与。"随派飞机将两个军三个月的经费，及"堵剿"计划、密电本等，送来武鸣，白崇禧亦谨复"遵命办理"。

是年11月尾间，长征红军开始突破湘粤边境，白崇禧除继续向蒋介石需

---

① 作者当时系国民党第四集团军兵站部参谋长。

索武器弹药外，就将所有的两个军调集在湘桂边境，以第十五军夏威部在灌阳、全县之线占领阵地，以第七军主力控置于恭城、兴安一带，第四集团军指挥所推进至桂林，准备迎战。

当时综合各方的情况如下：

（一）红军已集结嘉禾、蓝山、宁远、道县一带，先头部队为战斗力最强的彭德怀第三军团；（二）过去十天情况无变化，另与蒋军交换情报，也说红军在嘉禾、道县地区搜集粮秣，准备突过湘桂边境。

根据这些情况，桂军一面动员民团准备参加战斗，一面出动空军侦察红军行踪，并以同蒋军的飞机联络为名，侦察蒋军的行动。

蒋介石的阴谋和白崇禧的变更部署

不久，根据飞机侦察，蒋军以大包围形势与红军保持二日行程，停止不前，已有七日以上，其主力似在新宁、东安。

同时，据潜伏在上海的王建平（平乐人，与白为保定同期同学，私交甚厚，已混入蒋军中央参与机要，不断为白搜集情报，经常住在上海）密电报称："蒋介石采取政学系头目杨永泰一举除三害的毒计，即压迫红军由龙虎关两侧地区流窜平乐、昭平、苍梧，更以主力向东驱逐其进入广东新会、阳春地区，或者沿罗定、廉江逼入雷州半岛，预计两广兵力不足应付（当时两广总兵力为廖磊、夏威、余汉谋、李扬敬、香翰屏等共计五个军），自不能抗拒蒋军的大举进入，如此则一举而三害俱除，消灭了蒋的心腹大患。"

这一天（确期忘记了），白崇禧找我（时任兵站部参谋长）谈话，出示王建平电说："好毒辣的计划，我们几乎上了大当。我现在就到龙虎关去，你也在今晚赶到平乐来，召集民团指挥官蒋如荃和县长、乡长等到平乐开会。你先打电话叫蒋如荃准备，你有时间也可以到龙虎关去看看沿途公路、桥梁、车渡的情况。今晚到平乐再见。"我问："这个电报靠得住吗？如果把主力扼守龙虎关，万一共军由灌阳、全县亡命突入，不怕夏威支持不住而蒙受重大损失吗？"白愤然说："老蒋恨我们比恨朱毛还更甚，这计划是他最理想的计划。管他呢，有'匪'有我，无'匪'无我，我为什么顶着湿锅盖为他造机会？不如留着朱毛，我们还有发展的机会。如果夏煦苍（夏威别号）挡不住，就开放兴安、灌阳、全县，让他们过去，反正我不能叫任何人进入平乐、梧州，牺牲我全省的精华。你快去照办，不必多言。"我到龙虎关时，见沿途无数民夫抢修公路、桥梁，彻夜不停，妇女小孩也都加入工作。晚7时，我到平乐开会时，白又即席宣布："龙虎关到平乐一带民食一律供给军用，由县府发给粮票，以后给钱。如有藏匿不缴者，以有意留给共产党论罪。"并在当晚下达转移大军于龙虎关的命令，主要内容是：灌阳至永安关只留少数兵力，全县完全开放，第七军集结恭城机动使用。

红军主力旋即轻而易举地越过湘桂边境的灌阳、永安关、文市、石塘，沿桂北直趋贵州。桂军一俟红军主力通过后，立以主力由龙虎关突至灌阳的新圩，俘获红军一些掉队的伤病号及群众；同时，将侵入桂境的蒋军万耀煌师和周浑元师的各一部加以缴械。所不同者，红军的伤病号，都解送蒋介石处报功，而万、周两师的被缴械者，则一经说明绝不再进入广西境，即退还武器，送出边界。

蒋、白间的争吵

蒋介石闻知白崇禧这一狡狯措施，愤怒地急电责问说："'共匪'势蹇力竭，行将就歼，贵部违令开放通黔川要道，无异纵虎归山；数年努力，功败垂成。设竟因此而死灰复燃，永为党国祸害，甚至遗毒子孙；千秋万世，公论之谓何？中正之外，其谁信兄等与'匪'无私交耶？"白崇禧复电驳斥说："职部仅兵力十八九个团，而指定担任之防线达千余公里，实已超过职等负荷能力。孙子曰：'备左则右寡，备右则左寡，备前则后寡，无所不备则无所不寡。'竭十八九个团全力，不足当彭德怀狼奔豕突之势也。钧座手握百万之众，保持重点于新宁、东安，不趁其疲敝未及喘息之际，一举而围歼于宁远、道县之间，反迟迟不前，抑又何意？得毋以桂为壑耶？虽然职部龙虎、永安一战，俘获七千余人（这是白崇禧伪造的数字——原书编者），以较钧座竭全国赋税资源，带甲百万，旷时数年，又曾歼敌几许？但此不是与中央社同争短长也。据中央社露布：某日歼'匪'数千，某次捕'匪'盈万，试加统计，朱毛应无孑遗，何以通过湘桂边境尚不下二十万众，岂朱毛谙妖术，所谓撒豆成兵乎？职实惶惑难解。"蒋介石置之不复，只严饬向贵州尾追勿得稍纵。旋即征调云南、贵州、四川各部从事堵截，后并亲飞贵阳督师。

蒋介石想压迫红军进入两广，所以在贵州并无军事部署。因此，红军如入无人之境，急风骤雨般地往来川黔各地，最后直趋贵阳，蒋迭电直属各军飞速应援，终以道路崎岖，无法齐头并进。而主要道路又为廖磊的第七军所占据，在红军后卫董振堂五军团的后方，保持二日行程，缓缓前进，沿途玩笑般地接受红军的"有劳桂军远送"的标语"表扬"，而且到独山、都匀后，不再前进。蒋介石坐镇贵阳，大唱空城计时，又急电廖磊星夜兼程前进。廖复称："容请示白副总司令允许，才能前进。"蒋叹气说："这真是外国的军队了。"幸亏龙云所派的孙渡指挥滇军三个旅兼程赶到贵阳，才救了这个自搬石头砸自己脚的独夫。

（选自中国人民政治协商会议广西壮族自治区委员会文史资料研究委员会编：《广西文史资料》第十七辑，内部编印，1983 年）

从追堵红军长征经湘、桂、黔边境
看蒋、桂矛盾（节录）

⊙杨吉煊[1]

蒋、桂之间的矛盾

蒋、桂之间的矛盾由来已久，……早在1927年秋，蒋介石第一次下野，就是受了新桂系的挟持。从此就成为蒋桂之间矛盾产生的开端。接着，南京国民政府明令讨伐唐生智，对武汉用兵，组织西征军，以李宗仁为西征军总指挥，白崇禧为前敌总指挥，很快占领了武汉，唐生智下野，新桂系的军事实力更加壮大，并收编了唐部李品仙、叶琪等军，李宗仁、白崇禧晋升第四集团军正副总司令，李宗仁并兼武汉政治分会的主任，掌握了军政大权。1928年春，蒋介石复职到武汉视察。李宗仁表面是热情接待，并举行阅兵仪式，但在欢迎宴会上，第七军军长夏威、第十八军军长陶钧避不出席，给蒋介石一个难堪，这对蒋的精神打击是非常沉重的。接着，继续北伐，由白崇禧指挥李品仙第八军、廖磊第三十六军等部北上，取得了北伐的全部胜利。白崇禧雄踞平津，李宗仁坐镇武汉，黄绍竑统治广西，这是新桂系的黄金时代。加以李济深（新桂系的恩人，又是广西苍梧人）坐镇广州，因此，更使蒋介石如坐针毡，朝夕不安。蒋桂之间的关系更进一步恶化了。到了是年冬，蒋介石所把持的南京政府明令讨伐新桂系，由蒋介石亲自指挥大军进攻武汉。同时，早派俞作柏潜到武汉，收买了第七军师长李明瑞、杨腾辉两部，阵前倒戈，蒋介石不费吹灰之力而占领了武汉，［使］新桂系在湖北的势力全部瓦解。情况如此骤变，白崇禧从天津出走，

---

① 作者当时系国民党第四集团军总部参谋。

李宗仁潜往上海，相继逃出香港，才得免于难。于是蒋介石派俞作柏为广西省主席，李明瑞为广西编遣主任，率李、杨两部回桂，俞等遂通电就职。但俞作柏是走汪精卫的路线，李明瑞走共产党的路线。不久他们又通电反蒋。蒋介石遂免去俞、李职务，派吕焕炎为广西省主席。这时，李宗仁流亡在河内，白崇禧、黄绍竑等在香港，他两人潜入广西，收买了吕焕炎，吕遂联合新桂系的旧部黄权等，通电反对俞作柏，说俞破坏团结，杨腾辉又再次倒戈，俞迫得出走越南，李明瑞到右江组织红七军。这时，广西秩序非常混乱，群龙无首，杨腾辉等遂欢迎李（宗仁）黄（绍竑）白（崇禧）回桂主政。从此新桂系恢复了统治广西的政权。

　　1929年秋，张发奎在湖北宜昌反蒋，率领第四军经湘西进入桂北。他们又组成桂张联军，倾巢东下，企图夺取广东地盘，为粤军击败，狼狈退回广西。粤军追至北流，双方第二次决战，终被粤军击败，再退到贵县，继续退到柳州。由于粤军不涉入广西，致使桂张联军稍得喘息。1930年夏，冯玉祥、阎锡山联合倒蒋，桂张联军出兵湖南，进占长沙（当时我在莫树杰团任排长），第四军已到岳阳，第七军已接近平江，武汉震动。蒋介石檄调第十九路军，由韶关车运而占领衡阳，截断桂张联军归路。黄绍竑率两个教导师尚滞于湘桂边境，桂张联军迫得回师到衡阳南之洪桥、泉湖市一带，兵力尚未集结，敌先发制人，全面出击，双方激战二日，被守军击败，狼狈逃回桂林。因此，对黄绍竑殊多责难，黄因此脱离新桂系而投蒋去了。这时，滇军久困南宁，粤军进占贵县宾阳，湘军迫近桂北，黔军一部开到黔桂边境，摇旗呐喊。桂张四面楚歌，处境极危。但桂张联军不甘束手待毙，遂集中全力，由白崇禧亲自指挥，解南宁之围，将滇军驱逐出境，才转危为安。所以，几年来，新桂 [系] 被蒋介石打得五痨七伤，几乎收拾了他们的政治生命。因此，新桂系对蒋介石已恨之入骨，誓有不共戴天之仇。但从1930年到1934年，由于蒋介石集中全力对付中央苏区的红军，因此，使新桂系稍得喘息。所以，白崇禧说：老蒋（蒋介石）"剿共"，我们与蒋就有了一个缓冲地带。这就说明蒋桂之间的矛盾是不可调和的，直到红军长征经湘桂黔边境时，蒋桂矛盾更加表现得明朗化了。

……

红军主力经湘、桂、黔边境

　　1934年10月下旬，蒋介石由庐山打电报给李宗仁、白崇禧，大意说：中央红军主力由瑞金、于都等西移，似有突围沿萧克红军路线进入贵州之模样，希贵部竭尽全力，部署于龙虎关、灌阳、全州之线，配合各友军，一举将该敌歼灭于湘江东岸地区，则功在党国，所需饷弹由中央发给，并盼与芸樵兄共商"围剿"计划，随时将情况电报。随后，蒋介石派飞机送来一百万元的开拔费。白崇禧接到蒋介石这个电后，非常震惊，认为局势非常严重，即召集黄旭初、李品仙（总参谋长）、夏威、黎行恕（参谋〔处〕处长）及总部各处长、高参刘维章（刘斐）等，举行紧急会议。由白崇禧将接到蒋介石来电的情况说明以后，参与会者互相讨论，认为局势确实严重，决定电复蒋介石遵命办理，电请李宗仁速返桂主持大计，实行全省动员，编组民团协助军队防守等各项重要措施。他们一连几天都是开会，并召在桂林的廖磊及各区民团指挥官到南宁开会，李宗仁也由广州回到南宁。经过李、白等多次商讨后，决定全力以赴，将第七、第十五两军，近二十个团的兵力，全部开赴桂北布防。这时，参谋处的工作特别紧张，不断下达各种命令，各方情报也不断飞来。尚记得刘建绪（第四路军前敌总指挥驻衡阳）也有情报来，大意说红军先头部队进入湘境之桂东附近，到处搜索粮食，似有继续西进之模样。局势越来越紧张，同时得知蒋介石派薛岳、周浑元两纵〔队〕入湘作战，加以何键所指挥的近十个师的兵力，大军云集，一场大血战即将开始。情况既紧急，桂方遂决定由李宗仁在后方坐镇南宁，调度一切；白崇禧到桂林成立指挥所，指挥前线部队作战。

至11月12日或13日，白率领参谋处〔处〕长黎行恕、副官处长唐希汴、交通处〔处〕长蓝腾蛟、军务处〔处〕长陈西川、高参刘斐及其他人员，由南宁出发，到桂林成立指挥所。大概到15日，黎行恕发来电报，说奉白谕要参谋杨吉煊（即我）、军校队长石系累克日赴桂林指挥所工作。我们得到通知后，由交通处派一部轿车，我与石从南宁出发。石是湖南人，在军校任上校队长，保定军校毕业，我在军校时他任过我的队长。在车行途中，我问石为什么白把我们两人调到桂林。他说当然有作用，我是湖南人，对湖南的情况当然比较熟悉，你是他的学生，对你当然相信，我们到桂林，可能有些工作要我们干，因为白是相信我们的。当天到荔浦已经天黑，遂在荔浦住夜。次日上午到达桂林。我们到指挥所报到，石参加作战组，我参加情报组工作。这时，桂林形势很紧张，由县府征派民工，到处构筑防御工事碉堡，但社会秩序还好，人心还是很安定。

这时，白崇禧偕高参刘斐到全州视察，并约刘建绪前来见面。白对刘表示：

他很有把握，桂军决尽全力阻截。并希望刘部常与我们交换情报。白崇禧回桂林后，是某一天下午我们吃完晚饭后，参谋处［处］长黎行恕对我说：副总座（对白的称呼）今晚开会，叫你去记录。约下午 7 时，黎带我一同到达白的办公室，见有廖磊、夏威等约十把个人，都是总部的处长或高参。接着又进来两三个都是高级军官。白的办公室挂有桂北湘南五万分之一的军用地图，用红蓝笔箭头标明敌我的位置。他们正在研究地图。会议开始后，白说：今天乘廖、夏两军长到桂林，所以今晚约各位来谈谈。现红军主力就要到来，有很多问题我们要详细研究。现在我们谈谈红军的企图怎样。我们只有正确地判明了他们的企图，我们的行动才有根据。于是围绕着这个问题，大家发言了。总结所有的意见，判断红军的企图：一，沿着萧克红军所走的路线进入贵州，北入四川，渡过长江，以这个天府之国作根据地，并可与在川西北红军的红四方面军联系，退守自如，掌握主动，比在江西的条件优越多点。二，进入贵州与红二、红六军团会合，占领湘鄂川黔边区，这都是崇山峻岭地带，有利于游击。三，进入桂东，占领桂东各县，向广东罗定方向发展，建立游击根据地。以上三种判断，第一种可能性最大，第二种可能性次之，第三种可能性最小。于是谈到红军的兵力，还不知红军的部队番号，只是略做估计约十万人。白崇禧说：这次红军倾巢而出，是为了老蒋（蒋介石）第五次的"围剿"，向西突围。他们必然是抱着孤注一掷、破釜沉舟的决心，其锋锐不可挡，谁要堵截他们，必然要与你拼命。蒋介石经过对红军四次大"围剿"，每次出动数十万大军，都以损兵折将失败而告终，我们和老蒋的力量相比，那是相差得太远了。现在我们最多不过二十个团的兵力，要拿去与红军硬拼，那无异于以卵击石，而自讨苦吃。所以，我们必须采取灵活的战略和战术，如兵法所谓"知己知彼"，"全军为上"，立于主动方不至于吃亏。同时，老蒋早已把我们看成眼中钉肉中刺，非把我们拔掉不可，这些都是客观的现实问题。所以，我们这次对付红军的过境，只要红军不侵入广西，我们不要堵截，只能采取侧击和尾追；但假使红军特别是老蒋的中央军，要侵入我们广西，那就要坚决阻击，不惜付出任何代价。处此严重的关键时刻，我们必须善为自处。

与会者一致表示同意。最后谈到编组民团，征集全省大汽车准备必要时的运送军队；也谈到兵站、野战医院等问题，经过三个多小时才结束会议。会议记录交黎行恕存案。新桂系对此次红军过境的策略既定，其兵力部署：以第十五军王赞斌之第四十四师配备于龙虎关至灌阳之线，其余黄镇国之第四十三师，韦云淞之第四十五师，分别集结于恭城、平乐、富川等地作机动部队。第七军以周祖晃之第十九师接［第］四十四师左翼，布防于灌阳亘文市至石塘之线，派小部队占领清水关、雷公关、永安关各要点。以覃连芬①之第二十四师为总预备队，位置于灵川附近，该师颜伯刚之第七十团暂归周祖晃指挥，增强第一线的兵力。第一线的兵力共七个团，加上民团二三千人共同防守。友军情况仅仅知道其概略，中央军薛岳、周浑元两纵队，薛岳、周浑元各兼一师长，其他加上第四路军各师，师长有甘丽初、陈光中、郭思演、章亮基、万耀煌、王东源②、李觉、陶广、萧致平等。此外，粤军一个军在红军后面尾追，友军的总兵力最少有二十个师，兵力总数约十余万人，而且尚有后属部队。双方对比，国民党的兵力占绝对的优势。但由于红军高级指挥员能高瞻远瞩，灵活运用战略战术，加之红军作战英勇，奋力突破了蒋介石的几道封锁线，长驱直入，薛岳等中央军只保持与红军侧敌行军，仅与红军侧卫后卫部队发生小的战斗。

11月中下旬，红军先头部队迫近道县，分几路继续西进，主力已到达全州附近。这时，薛岳、周浑元等部已进入黄沙河，与红军主力遭遇，激战于全州西北三四十华里地区，蒋介石并派数十架飞机协同作战。

蒋介石期望一举将红军歼灭于湘江东岸，不然就把红军压迫南下侵入广西，这样，桂军必然要坚决堵截，中央军可把兵力向西延伸，加强湘江西岸的防守，对红军形成四面包围，如态势演变至此，看来桂军是抵挡不住，使红军侵入广西，这就正合蒋介石的理想了，中央军就可以名正言顺地藉追击为名，大军开进广西而一箭双雕，对红军不利，新桂系就会被蒋介石牵起鼻子走了。但由于红军的高级指挥官能掌握全部敌情，指挥若定，使蒋介石的阴谋不能得逞。红军的主力予蒋军以有力的打击，双方血战三四日，战况非常惨烈，双方都付出很大伤亡。这也是红军从江西开始长征以来与国民党军队最激烈而伤亡惨重的一次大战。但红军的企图不是企图决战，只要予敌一次严重的打击就已达目的，所以不再恋战，即甩掉敌人，向南稍行（因当时全州附近的湘水深不能徒涉），就在咸水、界首之间几处渡河徒涉抢过湘江。另一部红军由龙虎关附近进入经灌阳附近，与新桂系的部队在文市、石塘一带仅有小接触。这是红军一部后卫部队，掩护主力渡过湘江已达成任务，遂经文市、石塘路线在咸水、界首之间

---

① 覃连芬，应为"覃连芳"。
② 王东源，应为"王东原"。

涉过湘江。这时，第十五军的一部急追，在文市、石塘一带俘虏红军落伍病号炊事兵和跟红军行动的农民数百人，这就是后来新桂系所伪造的七千俘虏。这样，我们才查出红军主力的部队番号，是林彪、彭德怀、董振堂所指挥的〔第〕一、三、五军团，战斗力都是很强的。红军主力这次通过湘桂边境渡过湘江，大概经过一旬时间，处境是极端危险，幸得能全部掌握敌情，果敢决歼，灵活运用战略战术，渡过了湘江，才使红军转危为安。当时，令我们钦佩不置〔已〕。12月1日，红军渡过湘江后，经资源、通道向西前进。在红军接近湘桂边境时，白崇禧日夜不安，经常用电话指示廖磊、夏威两军长，调兵遣将，忙得夜间都没有很好的睡眠。我们参谋人员分批值班，守着电话机收听各处所报来的情况，弄得我们非常疲困。红军渡过湘江后，白崇禧才得喘了一口气。于是，他就命令第七军转移到龙胜附近，对红军严密监视，唯恐红军折向西南进入广西。同时，令第十五军驻防桂北。

　　一天，白崇禧找我谈话，他说：红军继续西进，看来是要入黔。第七军已移到龙胜，廖燕农（廖磊）打来的电话有时听不清楚，你就带一部电话总机和一个单机，带一班通讯员到义宁（五通）成立一个联络站，第七军和桂林的电话通过你们总机，那就会听得清楚了；假使我与廖燕农讲话听不清，你就接听，我会告诉他（廖磊）。但你听电话时一面要记录，并带龙胜附近的军用地图，对于地名要查对核实有否写错字，即打电话向我报告。如对廖有所指示，他听不清楚时，我叫你听我的电话，同样记录出来，检查是否记错，再打电话给他。明白了没有？明白了，那你就马上出发。当天中午，我率领一班通信兵和所需要的通讯器材，由桂林出发，行程约六十余里，于黄昏时到达，即命通信班长把总机架好，接长途电线，即刻叫通了第七军和桂林指挥所的总机，我就打电话报告白崇禧，说我几时到义宁，前后方的总机已叫通。他说好，你不要走远，随时我要找你。接着，他就与廖磊通话了。照样我拿着耳机听。廖先将第七军的部队位置报告后，说红军尚有相当的部队正通过龙头界，日夜西行，夜间到处发现火把，人喊马嘶，我军前哨与红军仅隔一小岗，有时放点冷枪，严密监视其行动的。白说无防用迫击炮放他几炮，威胁他们赶快走。以后，他们经常通话，我同样的听，有时他们听不清时由我来转达。我在义宁停七天，红军已向贵州黎平方向去了，第七军也去远了，我们才回返桂林。这已是12月下旬的事。红军到达黎平后，畅行无阻地经锦屏、镇远方向北进。第七军奉白的命令，以侧敌行军态势进入黔境，经从江到榕江，以第二十四师经三都、丹寨进驻都匀，第十九师到独山。第七军进入黔南后，白崇禧即率指挥所人员移驻柳州。这是1935年1月上旬的事，闻红军已强渡乌江，占领遵义，白崇禧才率指挥所的人员回到南宁。我们到南宁大概住十来天，第七军很少来电，对贵州方面的情况都得不到什么消息。

蒋介石撵走了王家烈

这次红军经湘桂边境进入贵州，白崇禧派廖磊的第七军进驻独山、都匀，表面说预防湘西红军出援主力，实际为了防蒋，尤其是希望保着王家烈继续掌握贵州政权。红军进入贵州后，白已知道王家烈的处境相当危险，白崇禧的第一个方案，希望王家烈把他的第二十五军集中于黔东或黔西，与廖磊部保持联络，形成犄角之势。如此，蒋介石决不敢向王家烈下手。但由于王家烈的警惕〔性〕不高，当然他比不上白崇禧那样有远见，所以白崇禧的这个方案未能实现。于是白又另拟一个方案，派廖磊到贵阳找王家烈（王当时在黔西）〔。未遇，〕廖遂告诉王天锡（王家烈的亲信）传达白的意图，要王家烈到都匀廖磊部，藉养病为名，派人代理他的职务。这样蒋介石无所借口，一时撵不了王家烈。可是王家烈畏首畏尾，白崇禧这个方案又落了空。待薛岳进入贵阳后，王家烈在贵阳已立不足脚，跑到黔西。

蒋介石到贵阳后，直接指挥第二十五军，调到黔北作第一线，而将中央军摆在乌江南岸。所以，第二十五军与红军发生过几次激烈战斗，伤亡惨重。最毒辣的〔是〕蒋介石利用金钱、高官，收买了王家烈部的何知重、柏辉章两个师长，不服从王的命令，使王成了个有名无实的军长。在各种压力下，王家烈迫得到贵阳向蒋介石呈请辞去贵州省主席兼第二十五军军长职务。蒋马上批准，派王家烈为军事参议院参议，并要张学良（武汉行营主任）派飞机把王家烈接到武汉去。从此贵州政权落入了蒋系的手里，即派吴忠信为贵州省主席，薛岳为贵州绥靖主任，顾祝同为贵阳行营主任。这算是以蒋介石的胜〔利〕、新桂系的失败而告终。所以后来白崇禧说：这次红军过境，我们堵截也出了不少的力，不仅稻草捞不到一根，反失去了我们的贵州朋友（指王家烈）。言之不胜唏嘘。

（选自中国人民政治协商会议全国委员会文史资料委员会：《文史资料存稿选编4·十年内战》，中国文史出版社2002年版）

中央红军长征过广西

⊙黄启漢 [1]

开始于 1934 年 10 月的名闻世界的红军二万五千里长征，当时所到之处，曾使国民党中央和地方的军阀，震惊失措。

大约是 12 月 [2] 的光景，红军经过广西。事前蒋介石有电报给李宗仁、白崇禧，要广西无论如何一定要和湖南的何键以及南京派来追击的周浑元、薛岳等部，合力夹击红军。蒋介石答应如果取得胜利，将委派李宗仁、白崇禧为黔桂绥靖正副主任；同时答应立即拨给开拔费一百万元，所用弹药实报实销。李宗仁为了这件事情，从广州赶回来和白崇禧商量。他们连续召开了好几次军事会议，参加这些会议的有第七军〔军〕长廖磊、第十五军军长夏威 [3]、〔第〕四集团军总参谋长叶琪、高级参谋刘斐、广西省政府主席黄旭初和各区民团指挥官。会议上，白崇禧认为当前的局势是严重的。第一，红军的企图未明。第二，红军的后面，有庞大的蒋介石部队跟踪而来。广西既要防共，又要防蒋。因此，他提出要做全省动员的准备。他还认为这时候和广西（军阀集团）利害相同的是湖南的何键，应该加强和他联络。后来，李、白派张义纯（安徽人。和白崇禧是保定军官学校同学，当过广西民团干部学校教育长，第十五军副军长，抗战时期当过〔第〕二十一集团军副总司令，安徽代主席）为代表，去同何键商量，并打听他的动向。

李宗仁、白崇禧一方面打电报给蒋介石表示广西完全有决心和有力量在境内外堵击红军，意思是希望蒋军不要进广西境内。一面要廖磊率〔第〕七军主

---

[1] 作者时任国民党第四集团军总政训处处员、少校秘书。

[2] 中央红军长征过广西是在 1934 年 11 月下旬至 12 月上旬。

[3] 第十五军军长为白崇禧兼任；夏威为副军长，代军长职。

力驰往桂北布防，并要夏威把［第］十五军集中于柳州待命。当时白崇禧对红军的动向，判断有三种可能：一是深入广西腹地；二是直驱贵州并在那里建立根据地；三是攻四川，占领这个"天府之国"。这三种可能性，以第三个可能性最大，第二个可能性次之，第一个可能性最小。因为四川内部四分五裂，又远离国民党中央的控制，是共产党立脚最好的地方；其次，贵州是山区，便于游击，也很符合红军的理想。白崇禧自以为广西民团组织严密，红军不致在此久留。

白崇禧于12月[①]上旬带着高级参谋刘斐到桂北全县去视察前线，并在那里接见了何键的一个军长刘建绪（又是和蒋直接有关系的）。白从南宁动身的前一天，还出席了广西省政府举行的扩大纪念周，公开报告他要到全州去，并说明他对红军动向的三种判断。当时曾有些人背后私议，说："白副老总是个军事家，为什么把'敌情判断'在公开场合中宣扬呢？"有人就说："你只知其一，不知其二，白副老总的话，是要讲给蒋光头听的。"白对廖磊很明确地交代，必须在湘桂边境沿线建筑防御工事，对红军只宜"追击"不宜"堵击"，对蒋军就必须堵击。据说白见到刘建绪的时候，也曾把他对红军的判断告诉刘建绪，并诡称准备对红军迎头痛击。事实上，连在前线的第七军军长廖磊，始终得不到红军主力何时经过何地的确切情报，常常发现所得情报落后于红军主力实际行踪约三天之久。廖磊跟踪尾追，捉住了几百个跟红军长征掉队的老幼农民，李宗仁、白崇禧就叫他们宣传机构——总政训处大事宣传，说什么获得"七千俘虏"，比"中央五次'围剿'以来任何一次战功大得多"。白崇禧还叫他们总政训处［处］长潘宜之，赶快拍制一部电影。当然少不了向蒋介石"报功报喜"。潘宜之问白崇禧，如果蒋介石要我们把"七千俘虏"解到南京去怎么办？白说："那有什么困难呢，就告诉他全部遣回原籍了。"

廖磊曾率领周祖晃一个师追过贵州边境，由于蒋介石派有他的嫡系部队和湖南何键的部队逼近广西边界，有九［个］师之多，所以白崇禧迅速叫廖班师回桂，守住家门。那时候蒋介石一心一意要消灭红军，为了避免和广西冲突，曾电李、白，同意除非万不得已，不许中央军进入广西境。湘军两师，一度进到桂境黄沙河附近，很快就撤退回去了。中央军周浑元部有两连人因越桂境被

---

① 12月，应为"11月"。

桂军全部缴械，蒋也不敢做声。后来，蒋介石要他的嫡系部队从湘西追至贵州，对于以前答应给李宗仁、白崇禧为黔桂绥靖主任一事，不再提起，李、白明知蒋无诚意，也不再问。但从此湘桂边境紧张形势逐渐缓和，李、白两人也就松一口气了。

后来，红军既不在贵州停下来，也不在四川留步，而是继续北上，经过草原和天险腊子口，出甘南到陕北，建立起革命的圣地，这是完全出乎李宗仁、白崇禧和一切反动派的意料之外的。

红军长征经过广西，使当时的桂系军阀集团受到了一场很大的"虚惊"。同时，红军长征的结果，在广西留下了抗日、民主、进步的种子；又加深了国民党蒋介石集团和桂系军阀集团的矛盾。因为当红军在江西和蒋介石集团进行反"围剿"的斗争的时候，桂系集团有如"坐山观虎斗"，并赢得了时间，做内部的整顿。红军在江西，客观上成了蒋介石集团和两广军阀集团的缓冲。白崇禧说过："老蒋一天'剿共'未了，就一天不来搞我们。"现在红军北上了，蒋桂之间的这个"缓冲区"没有了，两兵相接，矛盾就尖锐起来。使桂系集团更伤脑筋的是自从蒋嫡系军进入贵州以后，他们强使贵州鸦片烟帮从湘西到赣、浙，减少了经过广西出香港的数量，以致广西的军费大受影响。例如，1934年度广西军费支出 1358 万元，鸦片烟税的收入就有 1375 万元；到 1935 年度军费支出 1921 万元，鸦片烟税收只有 1093 万元；1936 年度更减至 485 万元，这给桂系集团很大的打击。所以对他们来说，还是红军多在江西几年好。但是历史并不听由他们摆布，伟大的红军胜利地完成了二万五千里的长征，从此并引导中国革命，从一个胜利走上更大的胜利。

（选自中国人民政治协商会议广西壮族自治区委员会文史资料研究委员会编：《广西文史资料选辑》第二辑，内部编印，1962 年）

新桂系阻击红军北上的点滴回忆

⊙张光玮 [①]

阻击前的军事情况

新桂系于1934年阻击红军北上前夕，其最高军事机关是第四集团军总司令部，总司令李宗仁，副总司令白崇禧，总参谋长叶琪，总司令部驻南宁。总司令部辖第七军、第十五军和一个独立团、一个警卫团。第七军军长廖磊、副军长梁朝玑、参谋长郭凤岗，军部驻柳州。第十五军军长白崇禧兼、夏威代理，副军长夏威，参谋长黎行恕，军部驻南宁。第七军辖第十九、第二十四两个师。第十九师师长周祖晃，副师长苏祖馨，参谋长郑器光，师部驻桂林。第二十四师师长覃连芳，参谋长廖庆祥，师部驻柳州。第十五军辖第四十三、第四十四、第四十五三个师。第四十三师师长黄镇国，副师长贺维珍，参谋长陈大敦，师部驻百色。第四十四师师长王赞斌，副师长周元，参谋长农之政，这个师于1933年5月间，开赴江西省安远一带围攻红军。第四十五师师长韦云淞，副师长陈济桓，参谋长肖兆鹏，师部驻南宁。独立团团长谢鼎新，团部驻玉林。警卫团团长黎式谷，团部驻南宁。第四集团军总共有两个军五个师十七个团，官兵三万人左右。

这时，广西组织民团，设有九个民团区，每个民团区有民团常备队两个大队，民团干训生一个大队。各县设立民团司令部，民团司令部有民团常备队一个中队到一个大队。县以下各区、乡、镇、村、街有民团后备队的组织，区长

---

① 作者曾任国民党第四集团军第二十四师第七十一团团长，1934年6月改番号后为第十九师第五十七团团长。

兼任联队长，乡、镇长兼任大队长，村、街长兼任队长。

我当时充任第二十四师第七十一团团长，团部驻柳州。

阻击红军大队西进

1934年10月，红军大队突围西进，第四集团军总司令部得到情报甚为着急，既顾虑红军大队进入广西，又顾虑蒋介石军队乘机插手广西。总司令部判断，红军大队一定沿着红军先遣队所经之路线前进，故当时的军事部署：一方面将第七军及第十五军兵力星夜集中桂北、桂东一带布防；一方面调用桂北、桂东各地民团，并起用在乡军官黄瑞华等为民团纵队司令指挥民团，协助正规军作战；同时，急将在江西的王赞斌师调回桂北、桂东一带布防。又估计红军力量强大，不宜做迎头阻击，只做侧面防堵。因此，迅速构筑侧面防堵阵地，由桂东到桂北阵地横长数百里，并做数线配备。

11月上旬，我团随第七军从桂林开赴龙虎关一带构筑工事，防止红军进入广西腹地。11月中旬①，红军大队仍从道州、永安关进入广西，不取道龙虎关方面。总司令部急调我团星夜从龙虎关经桂林到三江县防堵红军，因为蒋介石中央军已开到湖南、贵州方面防堵，总司令部顾虑红军西进，走不通时，有转头向广西方面进来的可能，当时三江方面空虚，所以要我团前往驻防。其后，红军向贵州扬长而去，我团亦未与红军发生接触。

新桂系与蒋介石军队的矛盾

闻说，当时蒋介石对红军西进时，曾打算压迫红军进入广西，又命令广西对红军迎头痛击，蒋军好乘机开入广西来解决广西。副总司令白崇禧看透了蒋介石这一打算，表面上说广西对红军要迎头痛击，暗中只做侧面防堵。因此，红军大队经过广西，并无重大战事发生。②

当红军将到湘、桂边境时，蒋介石派薛岳、周浑元率领五个师之众进驻湘、

---

① 11月中旬，应为"11月下旬"。中央红军进入广西是在11月26日后。

② 原文如此。

桂边境，企图乘机入桂，第四集团军总司令部去电劝止，周浑元之前头部队有两连人到达文市时，为桂军覃连芳师包围攻击缴械，周浑元部队乃不敢深入广西。红军走过以后，周浑元部不敢衔尾追击，率部转回湘南向贵州方面追击。

红军大队到达贵州以后，薛岳部进入贵阳，总司令部急派廖磊率第十九师和第二十四师经过贵州的从江、下江、榕江等处到达独山、都匀驻防。第十九师经过三江时，我团归队随师开至都匀。这次桂军到贵州都匀、独山的目的，一方面是防止红军转向广西，一方面是防止蒋介石部队侵入广西。我们在都匀驻防数月，等到红军全部离开贵州省境向云南、四川方面前进时，才开回广西。

所谓"七千俘虏"

当红军大队经过广西后，蒋介石来电责备广西放走红军，不做迎头痛击。白崇禧军次平乐接阅此电，亲自作复。其内容历数广西如何努力对红军作战，曾经毙伤红军多少，俘虏多少，缴获枪械多少，桂军伤亡损失又多少；又指出中央军大军开抵湘桂边境，坐视红军通过，不做堵击，说明不打红军的是中央军，而不是桂军等。

复电以后，因所据战况及俘虏数字多有夸大（广西在这次堵击战中，俘虏红军总共不过二千多人，而且是伤病落伍者居多，而复电却夸大说俘虏七千余人），白崇禧顾虑蒋介石来要俘虏，于是便预谋对策：一方面要各个宣传机构做扩大战果的宣传；一方面要总司令部政训处处长潘宜之派员拍制"七千俘虏"的电影片；同时，又在报上发表分期分批运送俘虏回返江西原籍的假消息，以此来证明复电内容是"真实"的。

[韦瑞霖记录整理。选自中国人民政治协商会议广西壮族自治区委员会文史和学习委员会编：《新桂系纪实续编》（二），广西人民出版社 2005 年版]

阻击中央红军长征经过桂北纪实（节录）

⊙虞世熙[1]

第二次抗拒红军过境的情形

1934年9月下旬，我率蒋鼎新大队由大埠头回到桂林。第三天即接总部（指第四集团军）来电要桂林、平乐、柳州等民团区指挥官、副指挥官和参谋长出席总部召开的"防共"会议。我是和陈恩元、岑孟达（副指挥官）及参议黄壎等四人由桂林乘车赶到南宁的。会议日程一共三天，主持会议的是白崇禧和李品仙，省府团务处长卢象荣也出席参加。第一天开会时，由陈恩元报告防御红军过境和调集桂北民团协助防堵的经过情形。其次是讨论民团章则和桂东桂北各县先行成立民团常备队，以及如何筹集常备队的枪支、子弹、经费等问题。再次是讨论构筑工事、碉堡和空室清野等办法。关于常备队问题决定：甲等县成立两个联队，乙等县成立一个联队，丙等县成立一个或两个大队（一个联队辖三个大队，一个大队辖三个中队），所需枪支由民间富户征借，弹药由总部酌情补给，经费由县预备费项下支给。关于构筑防御工事和碉垒等方面，决定在桂东北通湘省的要道和关隘，择其具有军事价值者，构筑临时防御工事（即简单散兵壕等），其余小路则应阻塞或破坏。全州的灌水和湘江西岸的渡河点均须建筑碉垒，以利防守。至于空室清野，划定恭城、灌阳、全州、兴安等县先行举办。最后，白崇禧提出邻近湘、黔两省边县的县长一律委派军人充任，以便计划防守和指挥作战。这一议题决定后，白崇禧首先要陈恩元推荐一个军人充任全州县长。为此，陈恩元曾两度和我商量人选问题，我前后建议调现任

---

① 作者当时曾先后任广西桂林区民团指挥部参谋长、全州县长兼民团司令。

武鸣县长陈良佐、黄壎（保定军校毕业）充任，据谓，白均不同意。接着在白、陈两人商议下，决定要我去充当。

会毕，我就返回桂林，省府委我代理全州县长兼民团司令、委蒋鼎新为县民团副司令的电报也到达了。10月14日我就和蒋乘车赴全州，16日接理县篆。到任后，总部也把这次会议决议案随电附发到县府。接电后，我立即派县民团司令部的人员分途到县属灌水和湘江西岸选择渡河点，饬各乡征调民工建筑碉堡，计共建筑大小碉堡一百四十余个。接着委蒋余荪为全州民团常备队第一联队[队]长，委刘遂谋为第二联队[队]长。所需枪弹，饬各区乡公所向民间富户尽量征借，缺少的弹药，则派员向总部请领。至于空室清野，也同时下令各乡做好准备工作。延至11月下旬，毛主席和朱总司令所率的十万红军已逼近湘桂边境。于是我就派第一联队[队]长蒋余荪指挥所部负守城和维持市面治安的责任；派第二联队[队]长刘遂谋率该联队分驻钵盂山两个大碉堡和水南等处向通往灌阳的白宝岭、两合圩、石塘圩等方向严密布防和警戒。这次过境的红军，完全是循着萧克将军所走的旧路，仍由灌阳清水关入文市，经全州县属两合圩、石塘圩、麻子渡，由凤凰嘴一带徒涉点过湘江，经咸水入洛江、西延（即资源县，那时尚未划县）出城步。红军过境的日程，大约前后为时一星期之久才通过完毕①。

新桂系集团对待这次红军过境的方案，在"防共"会议上，白崇禧已明白地指出：只要红军不侵入广西内地就行了。谁都知道萧克将军所率的红军先遣队已深入贵州内地，其后续大队当然是循着先遣队所走的道路前进。从白所说这些话，无疑的是：明则"反共"，暗则防蒋（指蒋介石）。他们深深地懂得：红军在江西反包围，把蒋介石几十万新式装备的反动军队打得落花流水，一蹶不振，新桂系全部兵力只有十七八团人，比蒋介石差得多，和红军较量，不啻以卵击石；同时，这点本钱赌光了，政治生命也就完蛋了。因此，当红军进入广西时，新桂系就把这十多团人摆在红军经过路线以南各地区，只做监视的状态，有些虽然与红军侧卫或后卫部队小有战斗，但一经接触，桂军即行溃退。他们并不是怕红军侵占广西，而是怕蒋介石"明取西川，暗夺荆州"而已。有

---

① 此处疑有误。中央红军长征过广西，约自11月26日进入广西境内至12月12日全部离开，前后历时约为两个星期。

这样一个例子可资说明：

当蒋军进入广西边境时，第七军覃连芳师的［第］七十团在文市附近缴了中央军总指挥周浑元（兼第×师师长）的先头部队两连人的枪（缴罢后，说是误会，旋即退还）。这就是警告蒋军不要打广西的主意。结果，周浑元所率李觉、陶广、章亮基、萧致平、郭思演等师，都不敢沿着红军所走的石塘圩、麻子渡、凤凰嘴、洛江、西延的路线尾追红军，而是由文市一路经两合圩，一路经白宝岭取道全州县城经黄沙河、庙头出湖南安东。由黄沙河侵入的薛岳、陈光中两师也因此而退回湖南，不敢深入广西境内。

"七千俘虏"的真相

红军过境之后，新桂系开动宣传机器，大肆吹牛，说击溃红军，俘获数千之众，甚至不惜伪造事实，制成"七千俘虏"影片来夸耀它的"战功"。所谓七千俘虏，原来是这样的：当红军大军过境后，沿途遗落一些病兵和因足痛不能行动的士兵或担夫，当时好些乡公所曾打电话来问我对这些兵夫如何处置。我叫他们将这些落伍的兵夫送到县府来，同时报总部请示。各乡送来的落伍兵夫，我指定城北小学校为收容所，每天每人发给伙食费两角，共计收容了三百人左右（兴安、灌阳两县也收容了一些，但数目不详）。在收容完毕之后，即接总部来电话要县府把这批落伍兵夫送到桂林交由桂林区民团指挥部转送南宁总部。由于人数无多，他们就厚颜无耻地雇请一些平民化装成"俘虏"，制成"七千俘虏"的影片，并把这部影片运到各地去放映。白崇禧经常对群众演说时，都夸耀桂军击溃红军的"战绩"，并且责备蒋军"剿共"不力。其中有两句最滑稽的讽刺话，如说："蒋介石叫他们（指蒋军）去'剿共'，他们偏要'抗日'（指晒太阳）。"

（选自中国人民政治协商会议广西壮族自治区委员会文史资料研究委员会编：《广西文史资料选辑》第二辑，内部编印，1962 年）

桂北堵截红军记

⊙张文鸿①

1934年8月间，红军萧克部约万余人通过广西北部境内西进后，李宗仁、白崇禧判断红军主力将要全部西进，深怕派出江西南部参加围攻红军的桂系部队王赞斌第四十四师的四个团（第一三〇团莫德宏、第一三一团王振朝、第一三二团粟廷勋以及第四十五师派归第四十四师指挥的第一三四团凌压西）被红军主力吃掉，白崇禧遂于8月下旬，秘密潜赴江西安远第四十四师师部向王赞斌面授机宜。白叫王立即准备将该师各团集结于安远县城及其附近，等候粤军前来接防后，迅速率领所部兼程开回桂北兴安、全县、灌阳一带，参加广西各军对红军主力通过桂境的堵截。

约于9月初间，粤军余汉谋部派陈章独立旅前来安远接防（后闻红军西进经过安远时，陈章旅曾被击溃，损失甚重），第四十四师即由安远撤回，于中秋节后两三天分别到达广东英德集中休息两天。这时李宗仁曾由广州专程来英德对第四十四师全体官兵训话慰劳。随后，第四十四师经由湘南开回桂北。第一三二团到兴安，第一三一团到全县，第一三〇团到灌阳，第一三四团到龙虎关。各部到达指定地点后，就地休息整理和补充。

这年10月间，闻红军主力已经开始行动，由江西南部西进，其前锋已进达湘境南部。此时桂军第七军尚远在贵州南部，还［在］兼程赶回桂北途中；第十五军第四十三师和第四十五师亦由柳州、南宁、龙州等地陆续向桂北富川、恭城等地集中。

第四十四师在兴安、全县、灌阳等地休息数日后，即奉命侦察湘江上游由

---

① 作者当时系国民党第四集团军第十五军第四十四师师部参谋处处长。

兴安至黄沙河湘江西岸沿岸的碉堡线。凡是可以徒涉的地方，都应建筑大碉堡，水深处虽不能徒涉，亦应设置中、小型碉堡；并指定师部参谋处处长张文鸿（即我本人）率领必要人员沿河实地勘察，绘图上报。经过四天的实地选定，沿线总共拟设置大、中、小型碉堡约二百余处。后闻如拟批准，饬令由兴安、全县两县县政府负责赶紧构筑。但其构筑情形如何和派什么部队担任据守，因为第四十四师于11月中旬奉调往石塘圩附近布防，我就无从得知了。第四十四师驻在龙虎关的第一三四团，亦令其就地构筑工事，一俟第四十五师派队接防后，移驻灌阳附近。

11月上旬，白崇禧和刘斐曾到全县视察，当面指示第四十四师驻全县城的第一三一团团长王振朝担任守备全县城及其附近高地，防止红军进占，并立即拟定防守计划，着手构筑坚固工事。但到了11月中旬，该团又奉命归还第四十四师建制开至石塘圩布防，遗下全县城防，改由民团部队负责。

第十五军第四十三师和第四十五师各部，约于11月初先后到达恭城、富川和贺县等地集中。第四十五师派第一三三团至龙虎关接防，加紧构筑工事，担任堵截任务。第一三四团交防后到灌阳附近为第四十四师预备队。当时第十五军各师集中富川、贺县、恭城等县后，其部署情形如何不详。到了11月中旬，第七军第十九师和第二十四师已经赶到桂林附近。第二十四师派归第十五军指挥，即奉命与第四十四师共同部署于石塘圩南北附近地区占领阵地，准备堵截红军。

大约11月下旬，红军主力部队到达道县附近，前锋迫近桂境。同时获悉蒋介石的跟追部队周浑元、薛岳等部，在红军后面跟踪而来。又传闻蒋介石有利用红军与桂军作战的时候乘机袭取广西的企图。李宗仁、白崇禧看到这种严重形势，既要抵御红军入境，又要防备蒋军的入侵，势必两面作战，颇为恐慌。因此，李、白决定放弃堵截红军的计划，将原来已经部署于石塘圩南北地区的阵地变更，饬令第四十四师和第二十四师由石塘圩附近地区撤至灌阳新圩附近东西地区之线（地名已忘），占领侧面阵地，监视红军行动，对红军只采取截击其后卫部队和相机追击，对蒋军的入侵则采取抗击。此时第十五军第四十三师的一部则控置于兴安及大榕江附近地区，掩护桂林方面的安全，并归第七军军长廖磊指挥（廖率第十九师在桂林附近）。

约于11月底，红军主力部队开始进入桂境，沿永安关、文市、石塘圩、麻子渡，渡过湘江后分两路西进。红军一部在文市、石塘圩南北两侧高地占领阵地，担任侧卫和后卫。红军主力通过石塘圩后，第四十四师和第二十四师奉命向石塘圩和文市方面进攻。石塘圩和文市的北侧方面则由地方团队担任对沿途西进的红军进行袭扰，配合第四十四师和第二十四师的进攻（占领阵地线和进攻路线及到达线的地名皆已忘记）。

11月底某日拂晓，第四十四师进攻部队在杨柳井附近高地与红军侧卫部队发生接触，战斗约一个上午，几次进攻均无进展。直到中午，红军的侧卫和后卫部队开始逐次向石塘圩后撤。第四十四师和第二十四师部队到达石塘圩和文市西南侧各高地时已近黄昏，红军后卫部队已远离石塘圩向西急进。两师各部奉命就地宿营。翌日，第四十四师继续向麻子渡、界首方向追击，第二十四师亦继续向文市西侧前进。第二十四师进抵文市西侧附近时，其先头部队第七十团与蒋军周浑元的先头部队发生遭遇战。周部先头部队约一个营，战斗不到一小时，即被第七十团包围缴械。据被缴械的官兵说，误认桂军为红军，所以放下武器。于是我方随即将缴获的人枪全部退还。其后第二十四师又继续经石塘圩、麻子渡向西追击。当第四十四师部队追至界首时，红军已远离桂军西进，第四十四师即奉命到达兴安及其附近停止休息。尔后跟追任务则由控置在兴安及大榕江的第四十三师和第二十四师担任。第二十四师部队继续经界首向西经龙胜前进，并归还第七军建制，由廖磊率领第七军全军远送红军深入贵州境内。这支队伍后又由贵州榕江、黎平西移驻于独山、都匀各地，防止蒋军向桂省入侵（第七军的行动、所经地点和日期不详）。

第四十四师在兴安休息时，第一三四团则留置于灌阳归还第四十五师建制。到了12月底，第四十四师又奉命由兴安经龙胜、瓢里，向古宜、三江前进，就驻在该地，担任防止红军由贵州回击，实则系防蒋军入侵。直至1935年3月前后，才奉命移驻怀远、得胜等地整理训练。此时广西境内形势已见和缓，第十五军第四十五师和四十三师分别调驻桂林、柳州一带整理训练。

这次红军主力通过桂北，为时不过一旬，经过战斗，即胜利地西去了。桂军曾派空军参加战斗、侦察和轰炸，被红军击落飞机一架，机毁人亡。

附录：当时桂军团以上各部主管人员姓名如下：
第四集团军总司令李宗仁、副总司令白崇禧，总参谋长叶琪。
第七军军长廖磊、副军长梁朝玑。第十九师师长周祖晃、副师长苏祖馨，第五十五团团长苏祖馨兼、第五十六团团长秦霖、第五十七团团长张光玮；第二十四师师长覃连芳，第七十团团长颜仁毅、第七十一团团长魏镇、第七十二团团长程树芬。

第十五军军长白崇禧兼（夏威代理）、副军长夏威。第四十三师师长黄镇国、副师长贺维珍，第一二七团团长苏新民、第一二八团团长冯黄[①]、第一二九团团长贺维珍兼[②]；第四十四师师长王赞斌、副师长周元，第一三〇团团长莫德宏、第一三一团团长王振朝、第一三二团团长粟廷勋；第四十五师师长韦云淞、副师长陈济桓，第一三三团团长萧兆鹏、第一三四团团长凌压西、第一三五团团长韦布。

第四集团军总司令部警卫团团长黎式谷（归第七军指挥）。

（选自中国人民政治协商会议全国委员会文史资料研究委员会编：《文史资料选辑》第 62 辑，内部编印，1979 年）

---

① 冯黄，应为"冯璜"。
② 第一二九团团长应为梁津。

刘斐献策　机动阻击

⊙梁　津[1]

桂系阻击红军的目的，首在巩固其所割据的地盘，惟恐红军一旦入境，动摇它的统治，故最初的计划是分兵固守湘桂边沿，不让红军入境。后因刘斐献策，乃撤退灌阳、道县间的守兵以专加强龙虎关的防御，让红军由灌阳入境而中途截击。

1934年10月，李宗仁、白崇禧闻红军由赣南突围西进之讯后，即令第十五军参谋长蓝香山同桂林区民团指挥官陈恩元视察兴、全、灌各县，凡属交通要隘地区，即插签标志之，以示建筑碉堡的地点。并命各区乡村长征调民工，运砖瓦、石灰和各项材料，兴筑碉堡，以备团队阻击红军之用，一切费用皆责诸人民负担，政府不给分文。各农村所存的粮食，亦强迫农民预先搬到山岩或偏僻隐蔽处收藏起来，使红军入境时不易觅食，做到坚壁清野，并企图乘红军的困乏而加以袭击。

当红军通过桂境之前，我奉命率部（时我充第四十三师第一二九团上校团长）到湘桂境上灌阳、道县交界处文市，见各区乡村长催征夫役，运粮秣和材料，忙碌至彻夜不能休息。

1934年初冬，当我在湘桂境上灌阳、道县交界处的雷口、永平、清水、永安等四个关口构筑防御工事时，第四集团军总部经电我"要与阵地同存亡"。桂省主席黄旭初亦电我"勿使红军越雷池半步"。故我那时决心死守阵地。除土工外，还运取残砖，累积顽石，构筑掩体四十余个。主阵地前的副防御物鹿砦，采伐山上的木柴构之不足，曾纵士兵滥伐农民所种的油茶树数百株以补充

---

[1]　作者当时系国民党第四集团军第十五军第四十三师第一二九团团长。

之。工事构筑既竟，乃仅开一缺口，方便自己部队的交通联络。至于民众的来往，则只许进来，不准出去，以封锁消息。离主阵地面前约八百公尺处有独立的小石山一峰，半山上有一洞穴，我派出轻重机关枪数挺占领之，并构筑掩体，转向主阵地做射击设备。悬想红军如来攻击我主阵地时，则此机关枪群从背后出其不意，可以袭击来攻者之背，而予以重大的损害。

既而风闻蒋介石以数十万大军从江西方面紧压红军之后，湘南也驻有重兵阻遏红军的北上。务逼红军进入广西，使其与桂系部队作战而相互对消，中央军乃乘其愈而闯进广西。如此则对红军形成前后被夹击的态势，而达到扑灭的目的，又可乘桂系力竭之际，而将它消灭，铲除其割据独立的局面，是一举而两得，坐收渔人之利。

时刘斐（湘籍醴陵人，1921 年春到广西进讲武堂，后在白崇禧连部充司务长，白在桂得势后，送他到日本留学）适由日本陆军大学毕业归来，充李、白总部高参。他衡量当时的形势，乃对李、白献策说："广西正规部队仅有十六个团①，而沿湘桂边境处处布防，则兵力分散而力量单薄。闻红军近十万众，倘集中兵力，攻击任何一点，皆有被其突破之可能，而最可担心者，是龙虎关方面。红军如由该方突进，则可经平乐、荔浦直捣柳州腹心之地，则大势去而难挽回矣。为今之计，只有撤退灌阳、道县间的守兵，让红军由该处入境，而转移兵力加强龙虎关的防御。主力则控制富有弹性地区的平乐和阳朔之间。盖主力在此地区，既可作龙虎关的后盾，又可以捍卫柳州腹心之地，复可以北向应援桂林之急，进出皆甚便利。俟红军由灌阳入境后，用少数的部队，中途设伏截击。如此则实力不损，而有余力可以对付中央军的闯入了。如此部署则兵力虽寡，自可应付裕如，不虞顾此失彼之患了。"（刘斐此项献策是我于 1935 年春在南宁军校高级班做旁听学员时，他讲授战术引作战例的自述。）李、白采纳其策，遂由第四十三、第四十五等师各团中，抽出一营的兵力，混编于民团每联队之内，而另定某师某团的番号，与少数的正规部队联合以截击红军。盖如此编配，在内则可以加强民团的战斗力，对外则可以虚张声势。

截击结果，据说共俘红军落伍的战士病号及挑夫六千余人（我团收容得的一千三百余人在内），派员送回赣南原籍（霍冠南当时即系护送员之一）。时

---

① 另有十五个团、十八个团之说。

我团（第一二九团）第一营梁达升部被抽调出去混编予高山（高仰如，广西宁明人，抗日时充旅长，沪郊之战，因部队溃散，被廖磊枪毙）所率领的民团联队内，另路作战，我不知其情况。我仅率第二营韦健生部及第三营黄玉超部（两人在抗日时期皆升团长，已阵亡）参加截击过境的红军。

1934年冬一个阴雨天，将近黄昏时，我第一二九团正在灌阳、道县交界处的阵地上，第四十三师师长黄镇国忽自文市来电话，命我放弃阵地，向南面一百二十里的黄牛镇撤退，执行刘斐的计划。因我当时不知其情，抗不奉命。他闻我不肯撤退，乃在电话中用慨叹的口气对我说："难道我的话你还信不过吗？"我回答他道："数日前总部电命我与阵地同存亡，省主席亦电我勿使红军越雷池半步，因何师长忽命我撤退呢？"他说："计划变更了。"我说："那末师长须有书面命令与我，使我有所凭据，我才撤退，否则绝不敢从命。"他说："好吧，我派人送去。"晚上7时，师部的命令文件到达，我才开始向黄牛镇撤退，翌日到达。闻当夜红军即用广〔其〕正面的纵队迅速通过四关。我到达黄牛镇后，休息一日，忽又奉命转回原路追击红军。但一去一回之间，已费时四五天，红军行军迅速敏捷，已不见踪影了，只得由文市出界首，沿途跟踪追击。

次日上午8时许，追击将近王家隘，遇第十五军军长夏威于途中。他命令我说："王家隘有配备重机枪四挺之红军六百余人据守，昨日第一三二团粟廷勋部及第一二七团之颜僧武营追至即向之攻击，现仍在激战中。据探报，离该地约十八里之千家寺，约有五千余之红军在休止〔整〕，据守王家隘之部，似属其后卫。你团即从小路绕过瑶山之西面，迂回进攻千家寺，现有瑶人一名在此做向导，即时出发为要。"我即命第二营营长韦健生派兵一连作前卫，随向导之瑶人前进，所经之地，险阻陡峻，简直无路可循，只盲目地随向导前进。至凹陷狭隘之谷地，则令前卫连占领制高点，向四周警戒做掩护，再另派出一连作前卫，依次搜索前进，俟部队安全通过后，原来之前卫连，即改作后卫。如此更翻轮流搜索前进，约走五十里之遥，始到达能瞭望千家寺的山谷阵地，其时已黄昏矣。用望远镜窥视，则田野间枪架成行，整齐地排列着，附近炊烟四起，红军战士有围坐而休息者，有行动往来者，似将用晚膳的时候了。我乃命迫击炮连长赖其铨，安置迫击炮一门于山谷隙地中（其地仅容一炮作开始攻击时发射信号弹之用），而命令第二营营长韦健生率其所部两连，潜行于山麓下之溪涧中，隐蔽地向千家寺前进，其余两连，除留一连作预备队外，其他一连则配合机关枪连扼守通香岗之山腰鞍部。因闻离千家寺十五里的香岗尚有数千红军部队，时我团第三营黄玉超部，因道路险阻，尚未到达。但可能乘未暮之前，以少数兵力进行袭击扰乱，因已近黄昏，对方不能探知我兵力多少。迨韦健生率其所部两连进至离千家寺约八百公尺之涧中时（该涧即横对千家寺可以构成火线），我乃令发号炮，开始攻击。休息中的红军部队骤闻枪炮声，即迅速地跑到枪架，拆取枪械，分头占领阵地做掩护抵抗，大队则集合向北撤退。转瞬之间，见火把万炬，绵延数里之长，沿山中隘路，徐徐前去。韦健生所率的两连，始敢进入千家寺村内，得红军遗留下来未及牵走的骡马五匹；锅中之饭已熟，也未及进食。

进攻千家寺的韦健生两连，当构成火线时，因溪边之堤过高，且有生篱阻碍，又已黄昏，故射击未有效。千家寺四周，未见有死伤痕迹。

第三日续行追击前进，无所遇。惟就宿营地后，忽接我团第三营营长黄玉超来电话报告称：据瑶人密告，某处岩洞中躲藏有溃散的红军三十余人，请示如何处理，我团于昨日不战而诱致红军落伍战士千余，此区区三十余人，亦当可用软语劝之来归。乃饬他率兵两连至该处岩洞附近停止，而派员至洞口用好言劝之出来，不须动武。黄玉超乃派姓吴的连附率士兵数名至洞口劝他们出来，岂知红军的指导员竟发令开枪射击，当场将连附吴某击毙，并伤士兵三名。黄玉超乃挥兵围攻之，此三十余名红军战士，至弹尽始降。事后我因连附吴某之劝降被击毙命，而将红军的指导员枪杀抵偿。

第四日，我部追击至大风坳的峡口时，忽见山下平地，散开一列的士兵，持枪向我前进之路做战斗准备的姿态，但服装颜色与我团相同，我心内怀疑，为何转向后方做如此戒备呢？乃命部队暂行停止，而派出传达一名，前去问明原因。始知昨日下午第一三二团粟廷勋部追击至此地时遭到红军伏击，损失颇大，除官兵有相当的伤亡外，其团的卫生药品及金柜尽行丢掉。红军阻击得手后即行撤退，而粟团的警戒兵，迄今未敢撤收。我明了情况后，即率部前进。至山下由一独立房屋面前经过，见第十五军军长夏威正向粟廷勋大加申斥。夏乃命我团作前卫，继续前进。我乃与第三营营长黄玉超先行，适一转弯向沿山麓一小溪岸边行进时，忽闻机关枪声，我急向右边山脚一巨石后面躲藏，回头看到黄玉超的棉大衣已被击穿数洞，其背后号目所携的号筒，也被射穿，但幸未伤亡一人。我即命特务排徒涉过小溪的对岸，往山下的竹林搜索前进，则红军后卫的重机枪两挺已撤走。再前进数里，抵一村，见路边搭有棚厂一座，并贴有标语多张，当是红军战士所搭作临时开会之用，并见有穿普通服装病卧道旁的十余人，问之则皆紧闭其目与口不作声。我心乃大生疑窦，回想粟廷勋团之遭到袭击而受损失，岂不是因此类人物装病重不能言，使人不介意，待探知我的部队情况后，乃乘间溜去，以状告红军，来进行袭击吗？我因疑而生惧畏之心，为防患未然计，乃决心命士兵枪杀之。

既而再前进数里，据当地人来报告，红军部队约两千余人，正在前面某村进食。时我团第三营因在隘路中单行行进，而溪边小径又已被红军战士挖断多处，以迟滞追击部队的前来，故行进阻滞，尚未到达。我只得派特务排排长伍绍宣率少数兵前往探视，忽闻前面高地两丘之间，重机关枪射击声，知系红军后卫的掩护阵地。我乃命我团机关枪连向右侧高地占领阵地，向之射击，以掩护我团第三营之攻击前进。既而见前面高地背后大部队的红军成行军纵队，循山上道路攀登瑶山，向北而去。其后卫的掩护阵地，选择甚佳，逐次层层抵抗，不易接近。及我团两营全部到达时，红军部队已从容北撤，进入黔境。次日，我团即奉命转调回桂林。

（选自中国人民政治协商会议全国委员会文史资料委员会编：《围追堵截红军长征亲历记》上册，中国文史出版社 1991 年版）

白崇禧部队堵截红军

⊙蓝香山[①]

一

　　1934 年 10 月，中国工农红军为保存革命力量，为了担负抗日救国的重任，开始长征。红军从瑞金一带突围，连续冲破蒋介石所设的所谓强固封锁线，沿大庾岭、骑田岭、湘粤边界向西迈进。当时蒋介石命湘军在湘南衡（阳）宝（庆）之线布防，桂军在桂北兴（安）、全（州）、灌（阳）地区布防，准备堵截。红军的行动使白崇禧大受震撼，于惊惶恐惧中急命驻梧州第十五军军部移驻桂林，命王赞斌师由江西兼程回桂，归还第十五军建制；命驻百色第十五军第四十三师黄镇国部向兴安，驻龙州第四十五师韦云淞部向灌阳集中；命第七军廖磊率第十九师周祖晃部、第二十四师覃连芳部向平乐、恭城集中；同时命第十五军参谋长蓝腾蛟（即蓝香山），桂林区民团指挥官陈恩元向都庞岭北麓由四关（清水关、永安关、中关、北关，每关间相距仅两公里）经黄牛岭脚下沿黄沙河侦察前进阵地，并沿湘桂边区瑶山至沙子圩（黄沙河、全州之间）侦察主阵地；命第十五军军长夏威沿兴安北咸水、石塘圩、新圩至清水关内文市侦察预备阵地准备设防。并命陈恩元编武装完整民团一团，以秦开明为团长，准备守全州。堵截任务以第十五军为主，第七军担任策应。

二

　　当时红军有八万人，作战经验丰富，战术运用灵活，具有勇敢忘我的精神。

[①]　作者当时系国民党第四集团军第十五军参谋长。

国民党反动派饱尝教训，早已如惊弓之鸟。桂军综计兵力五个师及新编民团武装不过三万人，众寡悬殊如螳臂挡车，不能不使白崇禧大感头痛。当时白崇禧判断红军进路：一由湖南江华入龙虎关，通过广西腹地柳州向贵州西进；一由湖南蓝山经道县入四关，由桂北西进。如果红军入龙虎关，白崇禧一是怕红军播下革命种子影响反动统治；二是怕地方革命人氏〔士〕归附红军动摇割据老巢。唯一希望红军一兵一卒不入桂境，沿湘桂边境从黄沙河出湖南至贵州，所谓人不犯我我不犯人，以免尾追红军的蒋介石部队乘机威胁。白崇禧某日和刘斐到兴安第十五军对夏威和我说："谁给红军送个信，说我们让一条路任其通过。"虽是试探性的笑谈，倒是他的心里话。

白崇禧和刘斐商定作战方针：如红军从四关进，则尽全力防御，阻拦红军不让向桂林方面进展；如红军入龙虎关，则尽全力攻击，阻止红军向腹地进展。刘斐在第十五军军部喝酒后很高兴地说："四关是头部，龙虎关是尾部，我们将主力集结灌阳、恭城地区，击首则尾应，击尾则首应，较为稳妥。"

三

红军将到骑田岭地区，白崇禧率刘斐等由南宁进驻桂林，第十五军军部进驻兴安，第七军军部进驻恭城，首先以道县的蒋家岭、全县（州）的黄沙河为前进阵地；以从四关沿灌水至全县为主阵地，开始构筑碉堡工事。待红军将到嘉禾、蓝山，白崇禧认为红军不会沿黄沙河西进，势必通过桂北，且原定防线过长，遂改用咸水、石塘圩、新圩前端、文市、四关为主阵地，同时令兴、全、灌民团全部动员约十五万人积极参加构筑碉堡，并令各县筹集构筑碉堡的砖瓦、木料，星夜运到防地。兴、全、灌人民抛弃生产，毁掉家室，构筑碉堡苦不堪言。碉堡均系圆形，墙厚约五十公分，可抵抗枪弹，多数是两层射击设备，少数为低堡。每一碉堡由民团一班守备，各碉堡间相距三五百公尺，互相侧防，在11月上旬全线构筑完毕。桂军主力均控置集结，未参加碉堡的守备。红军入四关时，全线各碉堡的守兵尽行撤去，一个多月劳民伤财修建的成千个碉堡均等于废物了。

白崇禧为防红军入龙虎关，命第十五军军部派灌阳民团从龙虎关至四关间，沿都庞岭脚下的所有村庄，遍插不同番号的旗帜，虚张声势，让红军知道这方面有重兵扼守，不进龙虎关。同时率刘斐和廖磊进驻恭城，第十五军军部即进驻灌阳，第十五军所属三个师在都庞岭脚下隘路中灌阳南北地区集结；第七军紧靠龙虎关集结。

四

11月中旬末，红军到达道县，停留四五日未西进。白崇禧极为忧虑，深恐红军入龙虎关，于是由恭城发亲译电给夏威："着将四关工事星夜挖去，让红军通过。"我们当即照令执行。红军由 11 月 23 日夜入清水关，首尾衔接大纵队向西挺进。红军为避蒋介石侦察，白昼休息，夜间行军。

我们计算红军须经过五个夜间才能通过完毕。由于时间迫促，白崇禧不能召集师长以上干部会议，应如何堵截，责成第十五军军部拟议。夏威在灌阳召集师长黄镇国、王赞斌、韦云淞开会，由我拟定堵截方案两个，第一案：于红军通过第四日夜，由新圩至石塘圩间将第十五军三个师全部展开，截击红军后尾一大段。理由：（1）由于红军每日一百里以上强行军走了一个多月很疲劳，其目的在西进无作战企图，出其不意，可乘其危。但并未估计到红军早已布置强有力的侧卫，占领了掩护阵地。（2）桂军在新圩、石塘圩之间展开，正当红军进路的侧面，红军在公路上及其以北地区为平坦地，桂军居高临下，红军前阻漓水、后背灌水，地形上不利。（3）湘军第十九师李觉部和第六十三师陈光中部已推进到全州，居红军右侧背，桂军居红军左侧背，中央军薛岳所率领的万耀煌、樊松甫等追击纵队紧跟红军后尾，红军受夹击如入口袋中，形势不利。第二案：于红军通过第五日夜，在新圩展开一个师，截击红军最后一小段。放放冷枪，不伤和气，如鸣礼炮给红军送行。师长王赞斌赞成第一案，韦云淞主张第二案，黄镇国因耳重听未发言，夏威采用第一案，于是用电话向白崇禧请示，由廖磊先接电话反对第一案，他说："正面过大，须使用全部兵力，如果红军反攻，则牺牲很大，万一蒋介石继红军后图谋广西，将束手自缚。应保存实力，不可存奢望。"白崇禧接着说："在新圩用一个师打后尾一小段得了。"在红军通过第三夜时，王赞斌师前哨曾获得红军哨兵一名，送至第十五军军部，我曾亲问红军情况，站立半小时，一句实话也不吐。

27 日晚，第四十四师师长王赞斌以莫德宏团在新圩展开，与红军侧面掩护部队接触，由于桂军在隘路中不能向两翼展开，只有用步枪声、机枪声与红军对峙。白崇禧频频用电话询问情况，我说："红军有戒备，我军不能出隘路，正在激战中。"白说："不要猛进，等待红军过去。"28日拂晓，红军全部过完，其掩护部队也全撤走，桂军未获得一人一枪，感到一场惊恐能安全度过，自喜出望外。当日第十五军向兴安前进，第七军第二十四师覃连芳部已进到新圩以北地区，却遇到中央军万耀煌部，覃部误认为红军，立即展开一个营将万先头部队一个连缴械。我和夏威在其附近瞭望，知是误会，才吹联络号停战，随即将所缴枪械发还。万耀煌不但不抗议，反亲到桂林向白崇禧道歉。当夜，第十五军军部驻兴安，白崇禧恐中央军有企图，派我到咸水与湘军师长李觉会晤，询问中央军动静。李觉说："薛岳部队已沿黄沙河向湖南靖县前进。"我回报白崇禧，白看到中央军不打广西主意，如释重负，更觉高兴。

五

11月28日深夜，第十五军军部在兴安接白崇禧自桂林来电话："接何应钦电，蒋介石指责我们将共产党放走了，第十五军应派一个师西追，务期有战果。"29日，夏威和我率领第四十三师黄镇国部梁津（黄埔一期出身，以刺死吕焕炎有功为团长）、史蔚馥、苏新民三个团，各团以每一个营为纵队，共分九个纵队，向越城岭南方兴安西乡山地追击前进。正午，史蔚馥团颜僧武纵队在山地收容红军病员伤兵掉队人员六百余名，近黄昏各纵队又收容伤病掉队红军共五百余名，共计千余名。由于大部队长途挺进，有少数人员落伍掉队，毫不足奇。

白崇禧接夏威报告非常欢喜。营长颜僧武从此为白崇禧宠爱，不久升为团长，抗日战争时升至旅长。当日深夜，第十五军紧蹑红军主力进路，由农民做向导，打着火把，翻越兴安、龙胜交界的大山，向龙胜追击前进。这些地区尽是少数民族瑶人居住，红军对他们说："红军纪律严明，秋毫无犯，不进民房，不拉夫，吃了人民粮食给现洋……"红军给沿途人民留下良好的印象。我们下山后在山谷中看到红军前进联络方法，系用白粉笔以代号将部队的番号、进路、目标，写在主路旁的山石上，一路连续不断，井井有条。红军动作神速机密，把薛岳纵队抛在后面，沿途用白粉笔写大标语"勿劳远送"。第十五军〔军〕

部抵龙胜时，红军已全部出桂境，继续长征，桂军就停止追击。

六

我们在龙胜停留一星期奉令复员，仍回驻桂林，所属各师开回左右江地区驻扎。白崇禧和参谋长叶琪在桂林大摆筵宴唱桂林戏三日，慰劳堵截将领，并将收容在兴安的红军拍摄电影，自吹俘虏七千，夸耀所谓胜利。然后，白崇禧将收容红军予以治疗，发给服旅费，全部遣回原籍。

［选自广西政协文史和学习委员会编：《新桂系纪实续编》（二），广西人民出版社2005年版］

千家寺阻击战

⊙颜僧武[①]

　　1934年冬，红军从江西湘南经过桂北，桂系为了维持其在广西割据的地盘，阻止红军进入广西，调集了全部的正规部队和桂北地区的民团阻击红军。我当时在桂系部队第四十三师第一二七团第一营充任营长，参加这次作战。对于桂系部队这次在桂北阻击红军的整个作战部署和经过，因我当时在部队的地位低微，知道不多，而且因为这次作战不是集中全力在正面阻挡红军，在一地与红军决战，而是在红军通过桂北的时候，从侧面和后面分路攻击和追击，并且多是在高山密林的地区作战，分散使用兵力，因此即使同属一个师甚至同属一个团亦无从知道全部情况，其他各部的作战情况更难知道。因此，我这篇资料是很不够全面的。

　　当红军突破赣南封锁线到达湘南的时候，桂系即调集了仅有的全部力量五个师的正规军队，并配合桂北地区的民团，共约四万人，沿着湘桂边界布防，这条防线东起富川，经恭城、灌阳、全州等县，西至龙胜，正规部队的主力置于恭城的龙虎关和灌阳、全州之间。

　　第四十三师最初开到灌阳县，沿湘桂边界布防，并构筑工事，当时该师所属的三个团番号和团长姓名是：第一二七团史蔚馥，第一二八团漆道徵[②]，第一二九团梁津。我是第一二七团第一营的营长。此外，第二营的营长是黄廷材，第三营的营长是杨露。我这一营到灌阳后，派在清水关一带构筑工事，在当地斩伐了大量的树木构筑防御工事的掩蔽部和障碍物。大约有一个星期的时间，

---

① 作者当时系第四集团军第十五军第四十三师第一二七团第一营营长。
② 漆道徵为梧州民团参谋长，非第一二八团团长。

第四十三师即全部撤到恭城县属的黄牛镇，住两三天，又从小路越过山区撤到兴安县城附近，派我这一营到距离兴安县城约三十里的唐家司担任警戒。当时红军的大部队已经进入灌阳和全州，源源通过兴安县城以北不远的地区，向西进发。此时已经听到前方不断有枪声，但不知道是何部队与红军接触。

我在唐家司附近的一天下午，接到团长史蔚馥由兴安县城打来的电话，派我这一营即时出发，向灌阳县属的文市进行威力搜索，侦查红军的情况，并说是总指挥部指派的，而且要我拿回几个红军战士，以了解红军的情况。我这一营连夜出发，到距离文市约二十里的山地，天还没有亮，远远看到文市和附近的乡村都有不少火光，红军部队还没有离开文市。我即派兵一连向文市搜索前进，到达文市时，已经天亮，红军部队已经离开文市，只拿到因病落伍走在后面的红军徒手战士三名。我以任务已经达到，即开回唐家司附近，并将拿到的红军战士送往兴安县城第一二七团团部转第四十三师师部，送桂林交白崇禧的前敌总指挥部。

第四十三师于次日向兴安县城西北的千家寺出发，走在先头的是第一二七团第二营，到千家寺附近与红军接触。千家寺一带都是山林浓密、极易荫蔽的地区，我到达千家寺附近时，已是下午三四点钟，除听到前面一些断续的枪声外，没有见到红军的踪影，此时红军已经逐步向西撤走，仅有少数部队在后掩护。因为已将日暮，我这一营即在千家寺附近的山上占领阵地警戒，不再前进。此时的天气已是秋凉，部队都在山上和树下过夜，没有房屋住宿。次早第四十三师师部和第一二七团团部都到达千家寺附近，我在地图上研究了地形，向团长史蔚馥说，红军所走的都是崇山峻岭、森林浓密的地区，道路崎岖险要，红军少数部队扼守，我军就很难通过，在这种地形追击，只有送行，没有什么作用。我并在地图上指出一条从千家寺迂回到山口的道路，请史蔚馥向师长黄镇国报告，派我这一营迂回到山口地方截击红军。师长黄镇国同意我的意见，当即派我这一营出发。

从千家寺到山口，大约半天路程。到山口时，红军正从山口经过，我即指挥部队至距离山口约二百米的山上占领阵地，用火力封锁山口，把红军部队截为两段。因为从山口再进便是一条狭长的隘路，两旁都是不能通行的高山密林，我封锁的正是隘路的进口处，使走在前面的红军不能顾及后面，走在后面的红军不能继续前进。因我当时所带的部队仅有三个连（有一连留在桂林看守仓库），人枪仅二百多。为了提防受到红军的前后夹击和包围，不敢在山口的正面占领阵地，只在山口附近占领侧面阵地，用火力封锁山口，使红军不能通过。当时我既不知道走在后面的红军还有多少，红军也不知道我的部队有多少，因彼此都在荫蔽的高山密林中。经过约一个小时的互相射击，红军不能通过山口，我的副营长魏自修即走到前头，叫喊红军缴械，走在先头的一些红军战士，看到不能通过山口，回答愿意缴械，魏自修即走到红军部队的面前，我并派兵通知魏自修，叫缴械的红军士兵下山时在半山放下武器，然后到山下的田里集合。陆续缴械集合的约五百人，收缴步枪三百多支，还有许多步枪弹和手榴弹，同时并收缴红布白字的红军第十三师的旗帜一面。据魏自修说，他到红军队伍，曾遇到携带驳壳手枪的红军战士十多名，当叫这些战士缴枪时，即有好像是红军干部的人员回答说，俟见了你们的长官再缴。魏自修因没武装士兵跟随，不敢强迫缴枪，但后来不再看到这些携带手枪的红军战士，可能避匿山林里或另由其他道路追上红军主力部队。据被缴械的红军士兵说，被缴械的是属于董振堂的部队。随后我即派部队一排集合被缴械的红军士兵连同收缴的武器送往第一二七团团部。但为提防途中发生意外，将所有收缴的步枪机柄和手榴弹全部留下，由部队带走。

我在山口派部队将被缴械的红军士兵和武器向后送往第一二七团团部后，即复率部队沿红军去路追击前进。行到距离山口约七八里叫老山界的地方，又与红军接触。老山界是横亘去路的一排高山，上山的道路很陡，而且仅有一条道路上山，此外均不能通行，比山口还险要得多。红军在山上扼守，我的部队不易接近，无法攻上，只能利用荫蔽的森林和石山与红军对峙，互相射击。当天下午第一二七团团长史蔚馥率领两营部队也到达老山界，但因老山界的地形限制，不能使用较多的部队向守着老山界山上的红军进攻，后到的两营部队没有参加战斗。到了差不多日落的时候，扼守老山界的红军部队向唐岗方面撤退，我的部队因不再听到红军的枪声，才发觉红军已经撤退，随即登上老山界，当夜在过老山界后的山脚露天宿营，次早向唐岗追击，到达唐岗时，红军早已离开唐岗。

从山口到老山界的战斗中，我曾亲眼看到在战场上被击毙的红军战士的三具尸体。这次虽然没有经过激烈的战斗，但双方相互射击约有三四点钟，被打死的红军战士确有多少，因在山林浓密的地区作战，没有时间去调查。就我这一营部队说没有伤亡。离开唐岗后的红军，经过大埠头和龙胜县境，进入湖南贵州交界的山区。第一二七团由唐岗沿着红军经过的道路到达龙胜县城，沿途没有与红军接触过。在由唐岗到龙胜的途中，我曾看到不少因病落伍的红军战士，有时是十个八个在一起，有时是三五成群，有的病卧路旁，情形很苦，此时经过的部队不再去过问，我在那时看到亦是无动于衷。我到龙胜县城以后，还曾派出一个连的部队向湖南的城步方面警戒。红军离开广西地界进入湘黔交界地区后，桂系在桂北阻击红军的战事结束。

桂系部队这次在桂北阻击长征红军，曾在红军经过的道路拾到不少红军遗弃的政治军事书籍，过几个月后桂系总部得知，为了提防部队官兵受共产党的影响，下令一律收缴。我当时得到红军遗弃的书籍好几十册，也都上缴，只有《侦探须知》一书，我认为写得很好，曾向桂系总部提议，稍加删改一些有关红军的词句后，印发部队作教材使用。

（选自中国人民政治协商会议全国委员会文史资料委员会编：《围追堵截红军长征亲历记》上册，中国文史出版社 1991 年版）

新桂系阻击中央红军长征

⊙万式炯 [1]

1934年8月，红军西移前锋，迅速到达赣、湘边境，蒋介石在南昌发出电令，大意是：

（一）西路军何键部留刘膺古纵队于赣西"清剿"，主力悉调湖南布防，依湘江东岸构筑工事，进行"堵剿"，并以有力之一部，在粤、湘边境堵击。该路总部移驻衡阳。

（二）南路军陈济棠部，除李扬敬纵队留置赣边"清剿"外，主力进至粤、湘边之乐昌、仁化间地区截击，该路总部进至韶关。

（三）第四集团军李宗仁、白崇禧部主力，集中桂北，总部移至桂林。

（四）北路军顾祝同部，以第六路军薛岳率所部包括吴奇伟、周浑元两个纵队，担任追击。

"追剿"军前敌总指挥由薛岳充任，抽出三个军八个师归薛岳率领。

迨11月上旬，红军先头部队到达粤、湘边境时，蒋介石令白崇禧在桂北防堵。当红军进据湖南后，蒋即电白崇禧集中主力，于灌阳以北各关口，与湘军合力在湘江东岸打击红军，并要白崇禧至灌阳指挥。这时，蒋介石为了利用桂军，特别发了一大笔军费给桂军。总之，蒋介石是挖空心思，策划湘、桂、粤军联合作战，堵击红军。

11月26日，红军中央机关与其主力军由永安、龙虎、雷口、清水四关进入桂北。其先头部队在双寅铺、江村、山头之线，分路偷渡。

---

① 作者当时系国民党第二十五军第八团团长。

桂军第四集团军总司令部所属军、团番号及官长姓名如下[①]：

总司令李宗仁、副总司令白崇禧，总参谋长叶琪、副总参谋长张任民

第七军军长廖磊

　第十九师师长周祖晃

　　第五十四团团长秦霖

　　第五十五团团长苏祖馨

　　第五十七团团长张光玮

　第二十四师师长覃连芳

　　第七十一团团长魏镇

　　第七十二团团长程树芬

　　第七十五团团长颜仁毅

第十五军军长夏威

　第四十三师师长黄镇国

　　第一二七团团长粟廷勋

　　第一二八团团长肖兆鹏

　　第一二九团团长梁津

　第四十四师师长王赞斌

　　第一三〇团团长莫德宏

　　第一三一团团长王振朝

　　第一三二团团长苏新民

　第四十五师师长韦云淞

　　第一三四团团长凌压西

　　第×××团团长史蔚馥

驻龙州对汛督办李品仙、兼桂省空军司令林伟成、桂林区民团指挥官陈恩元、柳州区民团指挥官尹承纲。

11月27日，红军三军团与桂军在苏江、新圩一带激战。先头仍在双簧、寅铺[②]、山头等处续渡。前卫在文市、蒋家岭间。湘军延伸至全州。

---

① 第四集团军团部分番号及官长姓名有误。参见本书第146~147页。

② 双簧、寅铺，疑为"双寅铺"。

第四集团军副总司令白崇禧电：

（一）在江华南方据工事之红军，昨日拂晓，被我韦师驱逐，向永明西北溃窜。

（二）在桃川与我相持之红军，已于昨日被击破，该军亦向永明西北溃窜。

（三）昨日三峰山向镰刀湾进攻之红军，两次向我扑攻，均被击溃，仍向永明西北溃窜。

（四）飞机报告：滞永明西北之红军为数逾万，现约友军向该方面"围剿"中。

11月28日，红军渡湘水之源，桂军击溃文市、石塘、苏江、新圩之红军，湘军击溃珠兰铺、沙子包之红军。抚河交通恢复。

蒋介石南昌行营俭亥电，严斥桂军放弃职责：

"据恢先（刘建绪）感戌参机电，红军先头部队已于宥、感两日，在勾牌山及山头与上来头一带渡河。迭电固守河源，防红军窜渡。何以全州延至咸水之线，并无守兵？任敌从容渡河，殊为失策。窜渡以后，又不闻追堵部队有何处理，仍谓集结部队，待机'截剿'。敌已渡河，尚不当机立断，痛予夹击，不知所待何机？可为浩叹！为今之计，惟有一面对渡河之敌，速照恢先、健生（白崇禧号）所商夹击办法，痛予歼除，一面仍击敌半渡，务使后续红军不得渡河。并以芸樵（何键号）预定之计划，速以大军压迫。敌不可测，速即迟滞敌之行动，使我追军得以追击痛剿。总之，红军一部漏网，已为失策，亡羊补牢，仍期各军之努力，歼敌主力于漓水以东、四关以西地区也。前颁湘水以西地区追堵计划，已有一部之敌西窜，并望即按计划次第实行，勿任长驱西（窜）或北窜为要。中正俭亥行参一印。"

11月29日，红军续由麻子渡、界首渡河，湘军刘建绪率章、李等部，击敌于路铺，桂军王赞斌协同桂民团击敌于深布坪，蒋军空军轰炸文市之敌甚多，桂军空军炸毁敌界首之浮桥。

11月30日，红军中央机关进集西延大山中，桂军覃连芳师击溃敌三军团于钟家村古岭头。湘军陶广、章亮基、李觉等部，击敌第一、三军团于尧山、珠兰铺，苦战竟日。

第四集团军副总司令白崇禧披沥"堵剿"情形东戌电：

"特急，南昌行营委员长蒋、南宁总司令李、衡阳何总司令。某密，倾奉委座俭亥电，拜诵再三，惭悚交集。红军盘踞赣、闽，于兹九载。东西南北，'围剿'兵力达百余万。此次任敌从容脱围，已为惋惜。迨其进入湖南，盘踞宜章，我'追剿'各军，坐令优游停止达十余日，不加痛击，尤为失策，及敌于沿五岭山脉西进以来，广西首当其冲。其向桂岭东南之富、贺，抑向东北之兴、全，无从判断。职奉委座电令，谓'追剿'各军，偏于西北，须防红军避实就虚，南据富、贺西窜，更难对付等因。职以桂、湘边境，线长七百里，我军兵力，不过十七团。处处布防，处处薄弱。故只得以我这一部协同防堵，而以主力集中于龙虎、恭城一带，冀以机动作战，捕捉红军主力而击破之。又虑敌众我寡，顾此失彼，迭经电请进入全州附近之友军推进界、新，并经与湘军协定红军主力侵入界、新之夹击方案。自红军以第一、九两军团由江华、江永方面分扰富、贺边境龙虎关，与我防军接触后，当指挥进击，经两日激战，将其击溃，并判明红军主力穿入四关，即以第十五军全部及第七军主力星夜兼程，转移兴、灌北方之线截击。该敌感日以来，在文市方面新圩之线，我与敌第三、五、八军团主力决战，四日未结局，其经过情形，曾经陆续电呈在案。委座电责各节，读之不胜惶恐骇异，无论职军在历史立场上与共军誓不并存，而纵横湘、赣边境数年之萧克主力，目前为我七军追至黔东，将其击溃。即以此次红军入桂以来，所经五日激战，又何尝非职军之独立担负，不畏螳臂当车之讥，更无敌众我寡之惧。至于全、兴之线，因守兵单薄，被共军击破，则诚有之。谓无守兵，则殊非事实。以我国军百万众，尚被共军突破重围。一渡赣江，再渡耒河，三渡潇水。职军寡少之兵力，何能阻敌不渡湘江？职历来作战指挥，向抱宁为强敌粉碎之志，决无畏难苟安之心。尤其对共军向来深恶痛绝。淞沪清党，频年'剿共'，事实俱在，可以复按，凤逮委座眪矇，谅邀洞鉴。共军虽多，欲求安全通过桂境，而不遭我军痛击者，无此理也。道程虽远，飞机不难侦察。周司令浑元所部有日进入道县，本日已进入桂境，通过敌我决战之场，亦可令其实地调查，究竟何军与敌决战？战争经过几日，敌军死伤如何？又何军瞻望不前，何军迟迟不进，便明真相矣。至于遵照原先计划，速为亡羊补牢各节，当遵令执行。惟目前问题，似不全在计划，而在实际，认真攻'剿'。尤忌每日捷报浮文，自欺欺人。失信邻国，贻笑共军。至若凭一纸捷电，即为功罪论断，则自赣、闽'剿共'以来，至共军进入桂北止，统计各军捷报所报，斩获敌众与枪械之数，早已超过共军十几倍。何至此次与本军激战，尚不下五六万乎？至于此后'追剿'，仍当决尽全力，与敌周旋，功罪毁誉，不暇顾及也。白崇禧东戌行印。"

12月2日，红军主力分窜车田、龙胜，经桂军尾敌"追剿"，湘军转进西延（即资源）。

桂军追击部队如次：

第四集团军总司令李宗仁、副总司令白崇禧

第一追击指挥官夏威

第四十三师师长黄镇国

第四十四师师长王赞斌

第二追击指挥官廖磊

第十九师师长周祖晃

第二十四师师长覃连芳

第四十五师师长韦云淞

空军司令林伟成

桂北民团指挥官陈恩元

平乐区民团指挥官蒋如荃，调民团八千集中富、贺。

梧州区民团指挥官石化龙，集结民团五千人于苍梧。

柳州区民团指挥官尹承纲，集结民团五千人于长安。

南宁区民团指挥官田子灏，集结民团一万人为总预备队。

12月3日，红军大部急窜龙胜，其后卫仍据西延（资源）山地，湘军追击于梅溪口，桂军截击于勃塘圩。

12月4日，红军第三、五、八、九军团，经广塘、雷霹州，越猫儿山、土岗西进。

12月5日，红军一部扰千家寺、王陲、大榕江等处，均被桂军击溃之。

"追剿"军何总司令电复白并告全国。何键答复桂白道歉微晨电：

"桂林，白副总司令健生兄：东戌电敬悉。敝处呈委座电，均系根据前方将领所报，即偶有失实，亦犹艳、卅等日，我军已与大股共军在全州西南之勾牌山、珠兰铺、觉山南段及严家、白沙铺、全家之线连日激战，占领各地，更分向大牌头及咸水、界首堵截'追剿'，而贵处飞机因只见留在寨圩等地之少数防堵部队，尚称艳、卅等日未见敝军南下同一误会。西谚所谓'事实胜于雄辩'，乞勿介意。此次敝军初于汝桂一带'堵剿'，及共军绕入宜章，乃收汝桂部队及入县之李部、赣南之薛部，急调到零、黄之间'堵剿'，强行千余里，至感日方到达全州，而共军已于宥日在界首、咸水架桥渡河。敝军名为'追剿'，实则兼追与堵二种任务。承先迭电嘱我向南延伸，亦以时间兵力两不许之故，致留此一线之隙，未能弥缝，竟使残敌窜脱。揆诸天职与素志，只有自恨力薄，决无推过于人之理。所惜者，敌以狡计，先使贵军主力偏于贺、富，及至展开于兴、灌以北地区时，我军原部署于黄、全间之部队，已追敌先进。以前后之相左，致夹击而未能。情报之难实在，判断之不易正确，其亦有同感乎？谨电致歉，诸希谅察！尔后如何互通情报，协力以赴事机，并乞筹示。弟何键微晨叩。"

12月7日，红军分三路西进：一路经车田过浔江；一路由唐洞过白竹，向中洞一带；一路由文家洞经李家水过江底。桂军追击之，大捷。

12月8日，红军进抵湘边黄沙河，桂军占唐洞；红军进占马蹄街，湘军补充总队成铁侠出道县协助桂军"围剿"东山瑶之红军陈树香[①]。

12月9日，红军一部进长安营，桂军攻破龙胜马蹄街之红军。

桂军副总司令白崇禧致何键佳电：

"何总司令芸樵兄，微晨电敬悉，某密。此次共军倾巢西进，湘、桂两省首当其冲。贵我两军负责'堵剿'。过去因情况难明，判断不易，未能将来敌歼灭，彼此俱抱遗恨，但贵我两方面士兵，均能奋勇杀敌，沿途截击，使该敌已受空前莫大打击。日来捷报，已作事实上之证明。以前种种，吾辈置之一笑可也。前因长江大河一带，盛传敝军故意纵敌，甚至有联共之谣。而中央要人及沪宁朋友，亦纷纷来函指责，此必有人故意中伤。弟当时闻听之下，非常愤恨，遂有东戍密电之申辩，此中苦衷，惟兄必能谅我。弟对友军作战，只有隐恶扬善，从未道及友军只字短处。此后贵我两军一切文电，拟请先行会商，不必事先单独向外发电，以期一致。现敌主力在龙胜东北越城岭之全坑一带。我廖、夏两军，已于本日拂晓分途向龙胜东北之江底附近攻击前进，飞机亦开往助战。俟得战报后，再行奉闻。弟白崇禧叩佳晨行印。"

12月10日，红军进入湘西，其后卫在桂北龙胜属之河口、江底与桂军相持中。

12月12日，红军全部离桂境。

［选自中国人民政治协商会议广西壮族自治区委员会文史和学习委员会编：《新桂系纪实续编》（二），广西人民出版社2005年版］

---

① 陈树香，应为"陈树湘"。

新桂系阻击红军长征目击记

⊙唐真如 [①]

民国二十三年（1934 年）秋天，我在柳州的第四集团军总司令部无线电第三站任中尉报务员。当时无线电站是配属第七军军部使用，粮饷统归总部，实际上一切都听命于第七军，也等于第七军的一个直属单位。这年的 8 月左右，忽奉第七军军长廖磊的命令，要无线电第三站乘汽车赶往全州，跟随前线部队到湘、桂边境去阻击红军长征的先遣部队萧克将军所部。那时第三站站长为桂平人谭鸣勋，领班为梧州人胡党治，同事还有杨奉堂、洪茂松等，第三站经过短时间的筹备就全部轻装乘车经桂林到达全州。到全后，有第十九师少校副官蒋雄与三站接头，要我们跟该师团长秦霖由永州方面出发去阻击红军，在全逗留约一天，即全站随秦团步行出发，经东湘桥、大庙头等处绕道到道州。路上只在东湘桥逗留过一两天，沿途见秦霖团长带一两个向导领路，情势很紧张，但并未发现任何情况。抵达道州后，军民非常恐慌，但情况又有变化，即红军并未到道州县城，已转道向文市方向前进。这时到达道州的部队，除秦霖这一团外，还有张光玮一个团，在道县经部队长协商后，在午后三四点钟才整队出发，由文市方向去追击。军队刚到蒋家岭，天已经黑了，就在那里吃晚饭。当晚继续前进，但没有月光，伸手不见掌，无法行动，迫得使用火把，你一个，我一个，人声嘈杂，秩序很乱，因而走得很慢，走了一个晚上，不过走十多里，走到灌阳的巨安村时天已经大亮了，后到达文市，休息几小时。

据了解，红军走得很快，当晚早已通过石塘圩向咸水方向前进，我们在文市吃过了早饭，仍跟踪追赶，经过鲁枧、元山等村，到达石塘圩时，已经夜色

---

① 作者当时系第四集团军总司令部无线电第三站中尉报务员。

苍茫了。当晚因行军疲困，就在石塘圩宿营，次早出发经过麻子渡、凤凰嘴等村，一直到下午4点钟左右才到达咸水。当时有地方团队防守，但红军过境时，因众寡悬殊，并未抵抗。据传闻，红军早已向资源县境前进，离开咸水很远了。到咸水后，我因离开全州老家多年，便趁此过全州的机会请准了假回家省亲，因此由咸水以后的情况不清楚。

在这一段追击红军的过程中，我当时有以下几点印象：①红军长途行军实在快，我们一夜仅行十几里，而红军一般总在几十里至一百里；②路过灌阳与全州交界之处的乡村时曾看见贴有两张红军北上抗日的标语，过麻子渡的大桥附近时，见红军在大路上和大木桥上写有白色的"不要掉队"字样，字写得很老练；③当部队到达麻子渡附近的大桥时，发现一个红军掉队的战士向田野里拼命狂奔，这人又高又大，跑得非常的快，但终于为追赶的士兵用乱枪打死。这位掉队战士宁死不屈的精神确实令人钦佩。

我因回家耽搁了两星期，以后经过桂林乘汽车，一直赶到贵州的独山、都匀，才赶上了无线电第三站。这时电站又跟上了第七军军部，后来还随军到过马场坪及黄平、施秉、镇远等县，旋又折回到玉屏、罗甸，但始终没有追上红军，前线部队也根本没有与红军接触过。我们那时的任务是为第七军报告有关军情电报，与前后方的无线电台取得联络，但是贵州是山地，不仅地势较高，而且雾特别大，每天晚上约自8点钟以后便停止工作，因为电报发不出去，同时也收听不到。约在9月底或10月初，因为红军走远了，又奉命随军乘汽车回柳，在柳州刚刚安顿好，不到一个月，忽又奉令说红军倾巢向广西方面进犯，我全省大军需集中桂林分兵阻击，因而又随第七军乘汽车到桂林。到桂林后，大军云集，情况紧急，人心恐慌，同时空军也派了一部分人到桂林，在桂逗留了几天，后来我们随第七军由大圩方向去恭城、龙虎关一带防堵。

在出发的头一天，白崇禧曾集合出发的各军官兵在体育场开了一个大会，白讲了话，表面上故作镇定。他讲的大意是：共产党朱、毛倾巢南犯，兵力相当大，我们奉中央令派兵堵截，我们兵力不多，但决不害怕，各方面有友军协同，同时还要把驻江西的王赞斌部也调回来，云云。我们跟廖磊走大圩附近的山路经过鲁塘转到恭城，谁知到恭城后，我因病又请假在恭城就医，延搁约两个月，以后经过全州、桂林辗转到贵州的独山、都匀等县。这时红军早已远逸。时间已经是1935年3月间了。因此，追击红军的情况不太清楚，不过从同事的谈话里面，知道追来追去，其实并未追到红军，只是俘虏了一些掉队的红军战士，其中多数是江西人，年轻的多。据第三站收容一个俘虏（江西人）说，他们日夜兼程，实在疲困不堪，无法跟上，所以才被俘。他又说，有不少老弱生病的战士，拖死在路上。记得当我到达第三站后，从工作中知道，除了与新桂系的前后方各电台取得的联系外，还在贵阳设一办事处附设一电台，我们与贵阳常有电报来往，那时薛岳早已率部队进驻贵阳，后来蒋介石也到了贵阳，廖磊也常有电报向蒋请示，表面上看起来，好像新桂系部队也很服从蒋介石的统一调遣，其实内心里还是各有打算的。

据当时从第七军军部在闲谈中传出消息，新桂系部队原来打算乘追击红军的机会进驻贵阳，因为贵州是王家烈主持，也是杂牌部队，与蒋中央军貌合神离，但与新桂系的李、白素有来往。王家烈本意愿与新桂系合作而不愿归中央直接控制，谁知中央军早已顾虑此事，挺进得特别快。薛岳先进了贵阳，因而随之而来的就夺取了贵州王家烈的政权。我到都匀、独山后不久，约在4月间就调回南宁。

最后还补充一点：我于民国二十四年（1935年）3月左右到达独山、都匀时，第七军廖磊及其所辖的第十九师周祖晃部及第二十四师覃连芳部都集中在都匀很久。我们无线电六七个站都会合了，电台一多，电波互相干扰，互通电报倒有困难。其实在此时，红军早已跑了很远了，而我们据说为了协防善后等问题，还逗留在那里未走。那时经常见师长覃连芳亲自驾驶三轮卡出出进进，耀武扬威。他还经常为商界人士题字、写招牌，以显示他能武能文。

当时新桂系部队在贵州时纪律不大好，特别是赌风特别盛。官赌兵也赌，驻〔住〕在民房家里面，吵闹得老百姓很不安。记得我在都匀、独山时，随无线电站住在民房内，同事们赌钱常常闹到三更半夜，老百姓敢怒不敢言。无线电第三站领班胡党治（少校）是一个大赌鬼，他住在哪里，哪里便是一个赌场。此外，官兵嫖妓的风气也很盛，群众反感；还有，就是贵州出产大烟，听说还有少数人顺便做大烟生意，获利数倍。

〔选自中国人民政治协商会议广西壮族自治区委员会文史和学习委员会编：《新桂系纪实续编》（二），广西人民出版社2005年版〕

新桂系阻击红军北上抗日之所见

⊙凌压西①

我对新桂系阻击红军北上抗日的全部经过，有好些不甚清楚，因而只能就我个人所知和亲身经历的部分情况撰写材料，以供参考。但在这一鳞半爪的事实里，已可看出当时新桂系阻击红军北上的战略战术和蒋、桂间的尖锐矛盾。

1934年10月间，广西的李、白、黄（旭初）得悉红军在江西突破围攻线，实行北上抗日的消息后，就调兵遣将，准备展开阻击红军通过广西的战争，将原在省内的大部分军队（部队番号记不清楚）、民团和由江西撤回的第四十四师，在粤桂、湘桂边境和灌阳、全县、兴安一带，布置一、二、三线的纵深配备，并在粤桂边境上的鹰扬关、湘桂边境的龙虎关和永安关构筑野战工事。除军事部署外，还实行空室清野的恶毒计策，将贺县、富川、灌阳、全县、兴安各县，东西交通大道附近的居民，迫向偏僻山区迁徙。所有人畜粮食和家具等，都不许存留室内，使红军过境时无从给养而增加行军作战上的困难。

1934年12月间，北上红军已由湘边进入广西，由永安关西北突进文市，经石塘、咸水。一路经兴安雨渡桥、龙胜转入贵州省，一路由全州洛江进入西延大埠头入湖南城步、通道入贵州。红军通过上述路线，新桂系原已布有重兵，但看到红军的来头，声势浩大，且有坚必摧无畏的战斗精神，因而都纷纷避开正面，改正面迎击为左右侧击。因此在红军通过广西境的整个战役中，没有十分剧烈的战斗，双方兵员的死伤都不大，但遇红军失却联络的部分小部队和一些掉队的个别人员通过时，就会被新桂系布置在道路两侧的军队或民团夹击截留。如我所率领仍归第四十四师指挥的第一三四团，原控制在灌阳县城，为第四十四师的预备

---

① 作者当时系国民党第四集团军第四十五师第一三四团团长。

队，并未参加作战。在红军大队通过两日后，始派出一个营到红军通过的道路上搜索企图了解情况，但该营无意中在离灌阳城二十余里的猫儿园地方，竟与红军失去了联络的一个小部队遭遇。双方展开战斗三十余分钟，即俘获红军九十余人，各种步机枪七十余支。在堵击红军北上通过广西境的整个战役中，新桂系多是采取避大击小、出境不远追的战法。但据当时《广西日报》的宣传，在这一次战役中，除阵亡不计外，共俘获红军六千余人，事实上恐怕没有这么多（确实数字无法掌握），而是李、白、黄别有用心的扩大宣传尔。现将我在战后于梧州与李宗仁会见时的一段情况叙述，即可看到他们扩大宣传的用意所在。

红军出境，新桂系部队复员后，我因事请假回籍，路过梧州，适遇李宗仁由广州回来。在会见时，他开头就问我：你团在这次堵截共军过境战役中，一共俘获人马多少，缴获武器多少？我说第一三四团仍归第四十四师王赞斌师长指挥，他指派我团为该师的预备队留置在灌阳县城，未参加正式战斗，只派出一个营在搜集战后情况时，无意中在灌阳县境俘获共军九十余人，各种枪械七十余支。李说这些俘虏和枪械，不论多少，都要摄影起来，因为南京方面打电报来责难我们，说我们三关（指永安关、龙虎关、鹰扬关）不守，放"匪"过境。我们要将这个战役的全部俘虏和缴获的武器都摄上影片，给他（指蒋介石）看看，我们就以事实胜雄辩，不用与他争论。我说我的摄影机在行军途中跌坏了，省内又无好的机子可买，所以不能摄影。他就很慷慨地开了一张香港广西银行一千元港币的支票，要我赶快到香港去，买一个好的摄影机回来，如有可能，即要补拍。李宗仁从来发钱给下属都没有这一回慷慨，买一个手提摄影机就给一千元的港币，使我大出意外。

从李宗仁上面的说话和给钱叫我买摄影机一事，可以知道新桂系当时对蒋介石的责难，是非常不满和十分愤怒的。同时也可以看出蒋、桂间在反共问题上虽然一致，但他们在军事、政治、经济和争夺统治权上的矛盾，是永远不能调和的，而且这些矛盾到了尖锐化的时候，就会掀起战争。如1929年蒋、桂在武汉的战争，1930年新桂系与阎、冯联合反蒋在湖南的战争，1931年桂、粤联合反蒋，1936年新桂系联合广东的陈济棠，假抗日为名实行出兵倒蒋的"六一运动"，1948年白崇禧迫蒋下野和李宗仁争夺蒋介石的领导权等等，就是蒋、桂这两个集团矛盾尖锐化的表现。

［选自中国人民政治协商会议广西壮族自治区委员会文史和学习委员会编：《新桂系纪实续编》（二），广西人民出版社2005年版］

1934 年新桂系拦截北上红军

⊙阳鼎芬 [①]

1934 年初冬，红军开始二万五千里长征，北上抗日。当时广西的宣传只说是"共产党搬家"。

约在阳历的 11 月尾（记得是 23 日、24 日），我团星夜奉命由柳州车运全州归陈恩元（桂林区民团指挥官）指挥，配合团队，固守全州。

我团当时警戒在全州，外面只有团队和红军小有接触，并不激烈，亦未使用到我团兵力。我团驻在全州，原担任城防工作。当红军通过城南地区时，中央军周浑元师开进全州。我团为了避免和中央军杂处，部队已预期向城南撤离。当时我是本团第三营中尉书记，位属闲曹，留守在城里，次晨我亦随团出发向南乡一带行动，曾到头所、麻子渡、石脚盆各处搜索，尾送红军西去。

红军是尽走小路的，是从中央军和桂军之间的空隙地带通过的。红军先头与后续部队的联络，在通过岔路的地方，画上各种路标符号，制法巧妙，指示后续队伍照此继进。我们一个红军也没见过。所谓的"七千俘虏"，只不过是收俘红军部队的落伍病残兵，掺一些假扮者，拍成电影以欺骗蒋介石报功而已。

当我们跟踪尾送红军到达界首公路之后，便归还第七军［第］二十四师［第］七十一团原建制，折回咸水、大溶江、兴安，向灵川属的潭下圩，过畹田圩 [②] 向龙胜前进。甘棠渡一带已尽是工事。我团并不休息，由龙胜接着向西到瓢里，即沿瓢里去平邓道上北进以行拦截。甫行十数里，乃与红军侧卫遭遇，接战不到一小时，红军退去，我军亦不追击，乃又折回瓢里，继续西进。过思陇塘，

---

① 作者当时系国民党第四集团军第七军第二十四师第七十一团第三营中尉书记。

② 畹田圩，应为"宛田圩"。

到达古宜（即今之三江县城），随沿榕江河西上经富禄、梅寨、丙妹、下江，以至古州（今榕江县），又溯源西进，在榕江的行军道上过春节，经都江至三合县、八寨县直至都匀县。

这期间，[第]七十一团团长魏镇，备极残暴。一日下午，当部队到达三合，一部分士兵在粉摊买粉吃，粉摊误指一士兵吃了米粉不给钱。魏镇恰到来，不问情由，拔出手枪，将该兵枪毙。在场士兵见状，非常气愤，马上剖腹取验，但胃部并无米粉，街人多抱不平，群众向卖粉者加以指责。及今思之，顺手写来，亦是以说明桂系军阀视人命如草芥。

第七军廖磊率领的第二十四师覃连芳部第七十、七十一两团及程树芬第七十二团，不久又折回独山。本团奉命向西出发平丹县、平塘县、大通镇以至罗甸县。驻十数日，旋复回独山，往下石驻扎休整，约有月余，嗣乃班师回桂。一场拦截红军行动，至此结束，前后半年余。

［选自中国人民政治协商会议广西壮族自治区委员会文史和学习委员会编：《新桂系纪实续编》（二），广西人民出版社 2005 年版］

阻击红军长征

⊙魏治和 [1]

1934 年冬，红军二万五千里长征经过桂北边境。

当时我在驻庆远的柳州区民团指挥部任政训主任。区属的三江县与湖南省的通道县和贵州省的黎平县相邻，正是红军可能通过的路线，所以以白崇禧派第七军军长廖磊率部到三江布防；又令柳州区民团指挥部将区属的民团常备大队伪装成正规军一个独立团，派参谋伍延为团长，也开到三江县协同防守。柳州区民团指挥官尹承纲因而就率我和一位电讯员到三江县视察。

当时三江县县长唐文佐是一位长袖善舞、八面玲珑、典型的官僚人物。到任年余，他用伪善的面孔，以"抗日救国"的大帽子压迫三江县人民修筑乡村道路，又架设了乡村电话，同时执行征兵、征粮也不遗余力。三江县人民差不多全是侗族，任他摆布。所以他在三江的建设"成绩"在那时的反动统治集团中，认为是很不错的。特别是这时第七军军长廖磊率部到达三江，由于乡村道路便利行军，电话也便利，符合了军事要求，于是极口称赞唐文佐，誉他为"模范县长"（后来唐升任广西省田粮管理处副处长，就是廖吹嘘抬举的）。唐对于这次协助新桂系阻击红军长征过境是非常卖力的。当第七军部队到达三江布防时，他办理征夫，组织担架队、运输队；征木料、门板和床板搭浮桥；征禾草为部队做睡铺和喂马饲料，还派向导带路，派侦探搜集红军情报……三江县人民在他的压力下无可奈何地被役使着，造成全县的极度惊扰。但红军并未通过三江，而是通过湖南省的城步、通道、靖县和贵州省的黎平县等路线。我们阻击红军不成，只截获了十几个可能是落伍迷路的江西苏区随红军长征的老百姓，

---

[1] 作者当时系柳州区民团指挥部政训主任。

并把他们羁押在县北的浔江区公所。另据浔江区属横岭乡公所报告，说是该乡所属的毗邻湖南省通道县的黄土村，有一夜来了六个便衣红军，将村头的一个碉堡放火烧了就走，以后也未见有什么动静。

这时我已随民团指挥官尹承纲到了浔江区公所。我们听到这个情况，便到黄土村去看个究竟。当我们到达黄土村时，该村没驻防有部队，老百姓都逃避到山上去了，村长石宝山也不见了。我们只有叫随从向山头上大声呼叫，但都无反应。尹承纲极为气愤，是否有碉堡被烧也无从查明。我们在村里村外转了半天，不得要领。回到浔江区公所后，尹就叫我拟一电稿，准备用电话报告廖磊和白崇禧，说村长石宝山防共不力，带领民众逃跑，请予以枪决示儆。我即照尹的意思拟就电稿交给他，第一稿他看了不满意，我改拟后他仍不满意，说我没有"刀笔"，杀不了人。这样电稿就搁下来未发出去。

我们在浔江区公所住了几天，区长吴士元是侗族人，是侗族中的地主恶霸，侗人都怕他。他整天守候在区电话机旁，用电话指挥、调动所属的乡、村长，协助部队进行防堵红军工作，听取各乡、村长的情报报告，极为卖力。在区公所的门口和走廊羁押着截获的十几个人。那十几个人的年龄都在四十岁以下，穿着破烂的老百姓衣服，可以肯定不是红军战士。他们的双脚都浮肿如水桶，也显然是长途跋涉所造成的，由于饥寒交迫，都是奄奄一息，而区公所还怕他们逃走，都用木枷把他们铐起来，也没有给他们什么吃的，情况很惨。后来不知他作何处理。

红军进入贵州省的黎平县境后，广西阻击红军的任务算是完成了，但三江县人民遭到县政府征夫、征粮、征料以及其他的军需供应和反动部队、民团的需索骚扰，其损失无从估计。

我们在三江逗留了一些时日，就沿着与湖南、贵州两省接境的马胖、独峒、平流各乡进行视察，没有发现什么情况后就回部了。

［选自中国人民政治协商会议广西壮族自治区委员会文史和学习委员会编：《新桂系纪实续编》（二），广西人民出版社 2005 年版］

阻击中央红军北上亲历记

⊙黄炳钿[①]

1934年冬间，毛主席和朱总司令，率领红军大队由江西出发，经湘粤边区，在进入广西的灌阳时，蒋介石派遣周浑元指挥中央军及湘军十余万，已到零陵、东安，逼近广西边界。李宗仁、白崇禧，既畏红军勇敢善战，又怕蒋介石中央军藉追击红军为名，乘机侵占广西，遂调第七军及第十五军，先集中桂林、平乐，进入恭城、兴安一带地方，避开正面战斗，只占领侧面阵地，拒止红军进入桂林。第二十四师由桂林出发，开到灌阳，列为总预备队，归第十五军［代］军长夏威指挥。行抵灌阳属永安关附近，第二十四师［第］七十团曾与中央军发生误会，激战一小时始行停火。此时我［第］七十团才知道红军大队前锋已进入黔境。现［第］十五军在全州石塘圩与红军后卫部队接触发生激战。据说俘虏红军的落伍病兵数百人，竟谬称七千俘虏。

俟红军完全进入贵州之后，［第］二十四师经兴安向龙胜前进，在龙胜瓢里北端的青龙界，曾与红军的左侧卫部队接触，但不敢从正面拦截红军，只在隔岗放了迫击炮十余发，便收队到古宜休息。迨红军深入贵州境内，第七军军长廖磊亲率［第］十九师及［第］二十四师，始向贵州的从江、下江、榕江，经三都、丹寨到都匀停止。这条路线不是红军长征的道路，没有与红军接触。不久，由薛岳指挥的中央军进入贵阳。而红军经镇远、湄潭，亦已到达遵义，复折回开阳，经贵定进军。廖磊深恐薛岳所部南下，借追击红军的机会，乘势侵入广西。当即把［第］二十四师和［第］十九师移至都匀的西北端，在文德一带地区布防，构筑防御工事，名为"防共"，实则"防薛"。后来红军经贵

---

① 作者当时系国民党第四集团军第二十四师第七十团团附。

定及麻江之间，通过都贵公路，经惠水而至安顺。廖磊仍恐红军向桂北进发，复把［第］二十四师由都匀调到独山，再沿平塘、平丹、通州而到罗甸，转移到广西的乐业、天峨布防。后闻红军由安顺入川，［第］二十四师奉调回桂、黔边界的六寨、麻尾驻防；［第］十九师驻防独山，一直驻了数月之久，直到1935年夏间，第七军全部始由贵州调回柳州。此时正值罂粟收割完毕，麻尾圩场，每逢圩日，男男女女把新鲜的鸦片烟土运到圩上公开摆卖，每两二角。所有投机烟商云集圩内大肆抢购。第二十四师官兵，这次又遇到发财机会，四处找寻旧木板，制成弹药箱，大装烟土，伪装成弹药，运回广西。官兵所带的水壶、饭盒，也满载烟膏而归。沿途经过禁烟局卡，明知官兵携带大量烟土，却不敢在老虎头上捉虱，自找苦吃。从这些事例中又可看到桂军的腐化和骄横。

（选自中国人民政治协商会议广西壮族自治区委员会文史资料研究委员会编：《广西文史资料》第二辑，内部编印，1962年）

炮制影片《七千俘虏》的前后经过

⊙李文钊^①

《七千俘虏》是新桂系伪造历史来欺骗人民的一部反共宣传片。这部影片抹杀事实，颠倒黑白，诬蔑红军，夸耀和宣扬新桂系的政治和军事的虚伪胜利，是极其恶劣反动的。我参加了这部片子由规划到拍摄的一大段工作。今天我回忆当日的行径，感到万分羞愧、痛恨和追悔。

一、《七千俘虏》之谜

要知道影片《七千俘虏》的伪造性，先须得弄清"七千俘虏"究竟从何而来？说来不免话长。

1933年李济深在福建组织人民政府抗日、反蒋。中共，［第］十九路军，粤军陈济棠，桂军李、白以及其他方面都派有代表举行会议，决定［第］十九路军由浙江直捣南京，粤军随［第］十九路军前进；红军由南昌、九江东进；湘军由武汉进军；桂军随湘军北上；饷、械由陈济棠全权代表陈维周答应由粤方负担接济。不料事机不密，会议的第二天，蒋介石就收到了特务的报告，马上去电陈济棠，叫他不要"附逆"，否则以百架飞机轰炸广州，海、陆大军同时并进。陈济棠果然就一下子被吓倒了，不敢妄动。陈维周回来与他争吵一阵也无法挽回。同时中共中央在第三次"左"倾机会主义控制下，红军也未能很好地配合福建事变，共同对付蒋介石。因此，蒋介石能调动大军东下，迅速地解决了［第］十九路军，摧毁福建的抵抗。这样福建人民政府仅仅昙花一现便

---

① 作者当时系第四集团军总司令部政治训练处中校宣传科科长。

垮台了。蒋介石乘胜回兵江西，加强了［第］五次"围剿"的攻势。那些曾经联合反蒋的湘、粤、桂军队都掉转头来，作为将介石的马前卒，参加了对红军［第］三、四道防线的重重包围。红军在这种情况下才于1934年10月开始举世闻名的二万五千里长征，向湘桂黔边西进。

消息传到广西，新桂系头目们大为惊慌。他们一方面害怕红军进入广西，会加深中共对广大人民的影响，激发工人农民的阶级觉悟，从而在政治上动摇他们的统治；另一方面又害怕红军进入广西后，蒋介石的军队追踪压境，军事上他们不能抗拒。李、白急得无法，才派飞机去香港将李济深接到梧州，向他乞灵，希望通过他的关系，与红军成立谅解，叫红军不必进入广西。

当时李济深劝说李宗仁、白崇禧他们不要向陈济棠看齐，陈济棠陈兵大庾岭，不让红军入粤是错误的，广西应避免与红军冲突，让红军到左、右江休整。但李、白均不表示同意。李济深又说：红军中不少两广子弟兵（他指的是朱德、彭德怀、叶挺、贺龙的部队都是从他的第四军带过去的），他在福建向英国订购了五万支步枪，现在打算从广州湾起运后交给红军补充装备。白崇禧听到这些新武器便眼热了，掉转话头说：任公这批武器不如就交给广西部队，由广西部队调换出同样数量的武器交给红军补充，剩余的就交给广西办民团；至于红军休整还是在湘桂黔边境龙胜、三江的山区，最好不要深入广西内地。李济深也只好照这样向中共做疏通。

武器的调换不知道以后怎样执行，但所谓"七千俘虏"就是红军经过短期调整编余的老弱伤病人员，交由广西负责遣送回籍的。遣送编余红军回籍的事也经过李济深的从中斡旋。因此"七千俘虏"是红军编余的人员而非俘虏，这是为了挑选精干，利于转移前进，利于打击敌人才进行整编的。编余的都是不适宜于远征作战的人员，中共虽在艰苦作战的环境下，仍为这些人员的安全做妥善的安排和打算。把资遣回原籍的人员作为战场的"俘虏"，这是广西的伪造，也是对红军的诬蔑。哪来这么多俘虏？

二、红军过桂与新桂系的反共布置

虽然红军接纳了李济深的种种斡旋，不打算进入广西久驻，但是新桂系方面毕竟是心虚胆寒的，所以他们对中共总有点放心不下。因此，他们采取了两面手法：一方面通过李济深与红军取得默契；另一方面却大张旗鼓深沟高垒，仓促布防，准备阻击，去向蒋介石讨好报账，并表示广西有足够的力量堵击，叫蒋军不必进入广西。

为着应付红军过境的巨大威力，新桂系的第四集团军总部成立了前敌指挥部。白崇禧亲任前敌总指挥，从南宁率领一批指挥部的人员进驻桂林，先头部队是新桂系的嫡系精锐第七军，由军长廖磊率领开赴灌阳、全县布防；第二线是陈恩元所辖的民团守驻兴安。廖以两师兵力疾趋新圩，与红军展开争夺战，虽不得逞，但他们想配合蒋介石军，阻止红军渡过湘江的企图由此可见。

在指挥部设到桂林之前，第四集团军总政训处还派遣我率领处员李漫涛、裴代智和电影队周游、肖照等十余人组成宣传队到前线做防共宣传。宣传队的人员也是胆小心悸的，他们被红军的声威和北上抗日的正义行动震慑着，意识到在全国要求抗日救亡的高潮下，任何反动宣传是没有人听、也没有人信的。宣传队到了全州，对民团做了一次欺骗讲话，叫他们不要害怕红军，把带去的宣传画、传单、标语张贴一通，并派裴代智一人去灌阳散发宣传品（因他是当地人，熟悉些），便不敢再深入前线活动了。尤其是县政府工作人员的忙乱失措和市面人心的扰攘慌张，更使宣传队失掉了信心，不到几天便把队部一咕鲁撤回桂林（驻扎在八桂厅），宣传就告结束。

宣传队的电影人员是电影队的摄影和放映人员临时调配来的。［第］四集团军总政训处设有一个电影队，虽属宣传科指导，但它是个独立工作单位，不时甚至不必经过政训处而直接跟随李、白听用。白崇禧率领前敌指挥部队人员到桂时，就有电影队人员随行。他的一切反共活动，对士卒讲话，对群众动员都摄入了电影镜头。这就是影片《七千俘虏》的一部分素材。

三、伪善的宣慰工作

1934 年 11 月 [1]，红军第一方面军大部分已浩浩荡荡地通过广西，在边境休整编余的几千伤病弱小人员交给桂军从桂林抚河经广东北境遣回江西。桂军在兴安收容了这批编余红军。由于红军大军已离开了广西边境，并没有顺道进

---

[1] 1934 年 11 月，应为"1934 年 12 月"。

据广西的意图，李宗仁、白崇禧算是可以放心安枕了。但是也由于红军离桂远去，新桂系头目们便一反过去的提心吊胆，不守信义，把收容到的红军几千编余人员夸大为"七千俘虏"，做狂妄的宣传。［第］四集团军总政训处和副官处并分别向这些"俘虏"做伪善的宣传和慰问。政训处处长潘宜之是个最顽固最反动的反共宣传家，平日挂着"反蒋"的招牌，好像他才是唯一"反蒋"专家似的。实际并不是这回事，他的主要矛头是反共，并不是"反蒋"。他对共产党的恶毒诬篾是完全和蒋介石一样，无所不用其极。这次他率领一批政工人员来到兴安，在县中操场集中这批"俘虏"做了挑拨离间和欺骗的宣传，叫别人莫再受共产党的骗，从此回家安居乐业，做个良民。同时他叫随去的我等人分组进行慰问和讲话。随去的电影队人员，把他们这些活动都摄入了镜头，这便是影片《七千俘虏》的第二部分素材。

四、制片动机和影片命名

上述两部分片子，在南宁作为时事宣传片放映后，新桂系首脑们颇为高兴，认为可以增加他们的政治活动资本，他们从此更可以讪笑蒋介石的"剿共"无能。蒋介石三番五次的"围剿"都是损兵折将，而他们一出马就取得了"辉煌"的成果，"俘虏"了七千人，这是多么值得炫耀的事。尤其是白崇禧在大小集会上的报告讲演和公开对人们的谈话，都厚颜无耻地说："蒋介石怕共产党，广西却不怕。"《七千俘虏》之谜，不少人是摸不到底细的。不少人给白崇禧之流的骗术哄倒了，以为广西真有办法，白崇禧确有他的一套。就是新桂系中的工作干部除极少参预机密的高级人物外，也同样摸不清这一套骗术。

我当时也没摸清楚。我是 1946 年在重庆参加三民主义同志联合会的活动后，在李济深先生处偶然谈到桂系李、白对时局的态度问题，方才听到李先生很不满地把这一问题拆穿的（我同任潮是几十年的老同事了，我从 1923—1926 年任中国国民党梧州特别市党部组织部长并梧州民国日报社社长时便与他在一道，那时他任西江善后督办兼梧州特别市党部常委，由于谭平山的介绍，我们是建立了一定关系的）。

上任不久的［第］四集团军总政训处处长潘宜之知道李、白的心理，想在这一问题上露他一手来作为登台的建树，建议把原有的反共时事宣传片联缀成一整部故事片，把广西如何"俘虏"红军七千，如何"优待"他们和如何安排遣送他们还乡，用故事连在一起，来增强吸引力和宣传力。影片命名就叫《七千俘虏》。因为从这片名看就可以显示广西"剿共"的"辉煌战果"，与南京的"剿共"对比，蒋介石就不免相形见绌。潘的这一套建议，正中李、白的下怀，满口答允由潘去搞。

这样，便开始了摄制影片《七千俘虏》的准备工作。

五、剧本的编写及其内容

潘宜之既然想在影片《七千俘虏》上卖点气力，但是怎样拍成一部故事片呢？首先必须要有个剧本，编写电影剧本，不仅政训处没有这类人才，就连潘本人也是个外行。然而总不能不有个类似脚本的东西来做摄制的依据，于是，他找我商谈，要我负责编写。

当时我已调任总政训处的秘书，不再是宣传科长了。虽然官阶也同是个中校，和科长一样，但在编制上全处只一个秘书，设在各科之上，俨然类似处的办公室主任，行使着批阅各科文稿的职权。但我升秘书的同时却调来了个谢苍生任副处长，他和我与前处长王公度都是莫斯科孙大①同学。他与新桂系没有什么渊源，只凭王公度的密切关系便后来居我之上，并一手紧握处全权，亲自处理文稿，让秘书无事可做。他本来是王公度叫来对付潘宜之的，作用在于王离处后暗中仍能控制，叫潘无能为力，同时附带对我这一不肯就范也难于驾驭的碍手碍脚的人物也给予一定的打击和防范。因此，谢之来任副处长，我是很不高兴的。潘看出了这一点，和我商谈时表示了不平，说王公度对不起老同学（指王与我在广西法专和莫斯科孙大两度同学），向我拉了一把。我当时虽然没有什么政治觉悟，但对革命必然胜利、反革命必然失败的趋势不是完全无知的，因此最初内心总不免起伏着矛盾，对这反动的写作任务不愿也不敢承当起来，担心着将来难于见人。于是往科里推，说是宣传科的事。潘却心眼很灵，说这是超科界的任务，科里没人能胜任，李老总属意你来写。这使我有点飘飘然了。我想潘这个人政治上虽然比王公度更恶劣，但他却比王通达人情些。一个顶头

———————————

① 即莫斯科中山大学。

上司同你蘑菇起来总有些难于推却，但写还是不写在我当时认识的水平和所处的地位说，是为革命留个地步还是进一步反革命的问题。照理，莫说为革命利益，就为个人长远打算也不应进一步帮凶的，然而我当时脆弱的意志和苟安的心理使我做了相反的抉择。个人目前的利害关系毕竟支配着我的行动，终于吞吞吐吐地对潘回答："写电影剧本，我也没能耐，只能写类似说明书的本事而已。"便半推半就地接受了《七千俘虏》影片剧本的写作。

剧本完稿后我亲自拿去向李宗仁讨好，得到他几句赞扬后我还对同僚们自鸣得意，表示自己究竟与那些只知升官发财的饭桶不同。影片拍完后放映出来我看到没设有编剧者的名字，初时还感到这样也好，没有落自己名字，将来也少担戴〔待〕些，但一忽儿个人眼前名利思想马上浮泛起来，觉得这明明是自己编写的，为什么不可以和其他影片一样把编剧的名字映出，让大家知道呢？

剧本的内容是借一对青年男女同学的恋爱故事来作线索，男的响应了广西政府的号召，应征从军，参加了阻击红军之役，胜利归来，完成了美满姻缘，过着幸福的生活。在男主角的口述和回忆中把桂系如何"俘获"红军，如何"优待俘虏"和如何"遣俘"还家，一一联〔连〕贯表现出来。影片于1935年夏秋间拍摄完成，为新桂系夸耀战果起了一定的欺骗宣传作用。

［选自中国人民政治协商会议广西壮族自治区委员会文史和学习委员会编：《新桂系纪实续编》（二），广西人民出版社2005年版。原文标题为"泡制影片《七千俘虏》的前后经过"，现标题为选入时本书编者对错别字予以更正］

关于拍摄《七千俘虏》电影的情况

⊙周 游[1]

红军开始长征，先是派萧克在 1934 年农历七月经过广西而去贵州。到了农历九月，共产党中央及主力部队，再由湖南边界进入广西，经过灌阳、恭城、全州、兴安、资源、龙胜、三江等县的边界而进入贵州。整个时间约十天左右，就顺利完成了这一通过，双方并无战斗。[2]

桂系的最高指挥官白崇禧亲自在桂林指挥。他命令廖磊所率的第七军紧跟着红军之后，彼此相距四十华里，一路相送，一直把红军送入贵州省。

当时我是广西桂系中国国民革命军第四集团军总司令部政治训练处宣传科少校处员。处长是潘宜之，科长是李文钊。我们率领一个电影队到兴安，队长是黄学礼。那时红军已经过了兴安、华江，越过老山界，进入资源的浔源乡，向龙胜、三江去了。

在兴安县城外收容了由各处送来的一些跟随红军长征的掉了队的男女老幼，其中还有背孩子的妇女，总共约有一百二三十人。这些人，都由电影队作为红军俘虏摄了影，上了镜头。

另外，华江千家寺烧了十多间房子，这是桂系尾随红军部队的第七军因不慎失火烧的，我带着电影队〔队〕长黄学礼去把残余的烟火及颓墙断瓦等尽量上了镜头。后来这些都做了制造《七千俘虏》电影的镜头材料。随后，李文钊就率领电影队回南宁拍摄《七千俘虏》电影纪录片。所有俘虏、战利品等镜头，

---

① 作者当时系国民党第四集团军总司令部政治训练处宣传科少校处员。

② 中央红军长征过广西，历时约十四天，曾先后打响界首狙击战、觉山阻击战、光华铺阻击战等数次战斗。

都是由民团扮演的，全是假的。时至今日，除我之外，现在在南宁的，还有当时电影队［队］员蒙惠坤（现在南宁冶矿厂）、李露莎、雷卡零、方衣零等可以证明。

（选自中国人民政治协商会议全国委员会文史资料委员会编：《围追堵截红军长征亲历记》上册，中国文史出版社 1991 年版）

红军长征途经广西时白崇禧的所作所为

◎曹茂琮[1]

1934 年，当新桂系白崇禧探明了红军要假道广西进出云贵北上抗日的真实情况后，感到极大的恐惧和不安，因白是既反蒋又反共的。反蒋是为了争权夺利，而反共则是他反人民的本质所决定。当红军逼近桂境时，白一方面害怕蒋介石的中央军尾随红军进入广西，而乘机占领广西；另一方面又知道自己力量不足阻挡红军的前进。为了保存实力，严防蒋军进入广西，他决定除以一部正规兵力配合几个联队的地方武装防守全县和东面的两个据点外，还把主力集中控制在东面地区，将文市至兴安留出一条中间地带，让红军通过。我那时在南宁军校当步兵队的队长，白以为我是湖南人，和蒋军中的湖南部队较易接近，因而把我调到桂林区指挥部当参谋长，负责协助桂北全县据点的守卫任务。白为了嫁罪红军，加深老百姓对红军的恶感，同时也是为了想抵消红军与老百姓的亲密关系，因而他曾指示我们派出得力的军官斥候，进到红军经过的村庄，放火烧房子，并向老百姓造谣说这是红军干的，企图使老百姓对红军产生恶感和厌恶。但白的这一个恶毒勾当并没有收到预期的效果，恰恰相反，当老百姓明白了烧房子的真相后责骂白丧尽天良。这是因为红军一经发现有人放火烧房子，就一面组织部队灭火，一面把新桂系的这一阴谋毒计详尽地写在村落的墙壁上。这样，老百姓一回到家看到这一事实，不但没有对红军发生恶感，反而加深了对反动政府的仇恨。

---

① 作者当时系南宁军校步兵队队长。

白崇禧除以上行动外，还做了另一个罪恶活动是，他要部队在红军通过后，把红军队伍遗落下来的一些伤病员和因故落伍赶不上队的战士集中起来，大约不上几百人。他就把新桂系的士兵装扮成红军战士，摄成所谓"七千俘虏"电影，到处放映，以欺骗人民。

[选自中国人民政治协商会议广西壮族自治区委员会文史和学习委员会编：《新桂系纪实续编》（二），广西人民出版社 2005 年版]

红军长征过境时石化龙的一个电报

⊙侯匡时 [①]

　　1934 年冬天（月日记不清），我那时任梧州区民团指挥部政训主任，指挥部设在桂平。指挥官石化龙、副指挥官何应恩、参谋长漆道徵、行政监督秘书林京华、军法兼秘书蒋孜及我等人同在一间办公室内办公。一天，石化龙和何、漆、蒋、林诸人讨论石化龙给白崇禧的一个电报稿。那电报稿上写："桂林探送延（白的代字）×密，'共匪'过境，钧座亲率大军迎头堵击，具见辛劳。捷报频传，雀跃无极。惟是螳螂捕蝉，须防黄雀。想钧座早已成竹在胸。谨呈垂察。职化龙呈 × 印。"

　　何应恩说："白老总他心中有底的，不会上当的。"林京华说："他心中有底是他的，指挥官有这个电去，也见得指挥官对于广西时局的关心，这电报很好。"漆道徵不作声。

　　[选自中国人民政治协商会议广西壮族自治区委员会文史和学习委员会编：《新桂系纪实续编》（二），广西人民出版社 2005 年版]

---

① 作者当时系梧州区民团指挥部政训主任。

黔军对中央红军
离桂后的堵截

阻截中央红军长征过黔的回忆（节录）

⊙王家烈 [1]

阻截前的形势和布置

红军长征过贵州时，我任国民党第二十五军军长兼贵州省主席。关于堵截红六军团萧克部队在贵州的作战，时间是 1934 年 8 月到 10 月。本文叙述堵截中央红军长征通过贵州的经过，时间是 1934 年 10 月到 1935 年 5 月。

先是 1934 年 9 月间，我协同湘、桂军李觉、廖磊两部，对红军第二军团作战，曾率军部指挥所人员由贵阳出发，经平越（现名福泉）到思南。是年 10 月，红军贺、萧部队离开贵州，向四川酉（阳）、秀（山）、黔（江）、彭（水）进出。我正在部署进攻时，于思南途中接蒋介石由牯岭来电，大意说：红军主力已离开瑞金西进，其先头已到大庾县属聂都附近，有沿萧克部队的路线进入贵州模样，命我率领部队择要堵截。我接电后，即由思南转回贵阳，着手考虑全盘计划。

当时贵州内部，因争权夺利，混战了两年才告结束。名义上我是军长兼省主席，实际上犹国才割据盘江八属，侯之担割据赤水、仁怀、习水、绥阳等县，蒋在珍割据正安沿河各县。他们对我口头上表示拥护听命，实际上我不能直接调动他们的部队。我能直接调遣作战的只有何知重、柏辉章两个师所辖李成章、独禹久、杜肇华、周芳仁、杨昭焯五个旅，共十五个团。听说红军有四五万之众，我觉得自己力量单薄，无法对付，遂与两广取联系。联系结果，广西李宗仁、白崇禧答应派第七军军长廖磊率覃连芳、周祖晃两师开到贵州都匀、榕江策应；

---

[1] 作者时任国民党第二十五军军长兼贵州省主席。

广东陈济棠答应派其第二军（军长张达）推进到广西浔州（桂平），必要时进到柳州策应。他们说，若再远离其各自的省境，他们自己后防就感空虚，办不到了。

在思南接蒋介石的上述电报后，我想红军主力到贵州来了，要占据我的地盘，我想阻挡是办不到的。蒋介石对我不怀好意，我早已明白。自我主黔以来，由于犹国才、蒋在珍同我为难，蒋介石并不调他二人离开贵州。我为了保持地位，乃将贵州土产鸦片烟运出，通过两广换回武器补充实力。因此曾经同陈济棠、李宗仁订立三省互相联盟，暗中反蒋。后来，这个密约被陈济棠的部下余汉谋盗出，向蒋告密。从此，蒋视我为眼中钉。他早就想攫取贵州，以便控制西南各省。这次，他的中央军乘尾追红军的机会，要进贵州来了，我又不可能拒绝。前思后想，心绪异常烦乱。在当时形势下，我决定执行蒋介石的命令，一面尽力给红军以打击，使其早日离开黔境；一面相机同两广联系，保存实力，以图生存。

我的初步计划是：将乌江以北的防务交与侯之担负责；乌江以南的防备由我和犹国才负责。我本人担任贵州东南路的指挥作战，以便到不得已时，向广西靠拢。

10月末，我由思南回省经过遵义时，为了便于尔后和黔北侯之担等部取联系，在遵义设立一个临时机构——［第］二十五军军部行营，派江国璠为行营主任。

11月上旬，我由遵义到贵阳，召集［第］二十五军和贵州省府高级人员开会，商议对策。由于大家立场相同，根本利害一致，我和犹国才、侯之担商议决定：执行蒋介石的命令，对红军进行防堵。我们的具体部署是：侯之担部担任防守乌江以北（原驻湄潭王家烈部第八团归其统一指挥）；犹国才部开到乌江以南，犹本人任东路的左翼指挥，负责平越、瓮安之线；我指挥所部，担任东路的右翼作战（便于接近广西），尔后看情况发展，相机推进。当时使用的兵力，除我直接指挥的上述十五个团外，侯之担有四个团，犹国才抽出两个团，共计动员二十一个团的兵力。

红军强渡乌江进入遵义

12月中旬，我同犹国才率军部指挥所人员到马场坪后，得知中央红军主力沿萧克经过的路线，取道湘西进入贵州黎平、剑河附近，有经镇远、施秉、黄平向北行进模样。蒋介石的嫡系军尾随其后。我命令旅长杜肇华指挥第五、六两团（团长李维亚、刘鹤鸣）在黄平附近布防，曾与红军一度发生接触。时原驻镇远的东路行营主任黄烈侯，已让出了镇远大道，退到清溪。又接杜肇华电话报称："共军来势很锐，我想避开正面，撤到重安江以西占领阵地。"我不准他退得太远，命令他撤到马站街、老木哨一带，避开正面，相机侧击。同时，我深深感到，红军从江西出发以来，所过地方，都是长驱直入，锐不可当。他们进贵州后，并未指向贵阳，而是由余庆向北，企图渡过乌江，我又何必同红军硬拼。因此，我同犹国才转身回贵阳，取观望态度。到贵阳后，得知蒋介石派薛岳带八个师兵力跟追，其先头已达湘西洪江。并接薛岳来电，约我在平越县马场坪会面。

　　1935年1月初，我由贵阳再到马场坪等待薛岳。当时我的脑子里又萦回着上述在思南的一些想法：若与红军硬打，打光了，怎么办？因此，心情异常苦恼。迨与薛岳会见后，他对我甜言蜜语，在武器装备方面，承认给我补充；在政治方面，表示关怀。他暗示我说："你的政治上敌人是何敬之（应钦），今后要对他取远距离，应该走陈辞修（诚）的路线。"薛同我摆谈了一般形势后，又介绍我和他带的几个师长见面。见面后，我即返贵阳。薛岳率队也向贵阳开拔。随薛岳后来的，还有第四军军长吴奇伟、第三十六军军长周浑元，第十三师师长万耀煌。

　　我同犹国才、侯之担商定：乌江北岸全线江防，由侯之担部负责，我拨原驻湄潭之第八团（万式炯部）归其统一指挥，湄潭县境乌江各渡口，由第八团担任守备；湄潭县以西，遵义县境乌江各渡口，由侯之担部刘翰吾率罗振武等两团担任守备，侯之担的指挥所位置于遵义县城。

　　这时，我在贵阳得知红军分两路已经渡过乌江，其一路由瓮安、孙家渡附近到遵义；另一路由余庆经菁口、湄潭到遵义。

　　红军在遵义县境渡江时，侯之担部刘翰吾旅罗振武团曾与红军激烈战斗，被打败后向赤水、土城方向退走。侯本人就丢掉部队，只身逃往重庆。红军在湄潭县境渡江时，万式炯团以一个营（营长李仲春）据守湄潭，以两个营（营长吴子云、刘彬如）守江边各渡口，战败后退到凤冈。红军两路长驱直入，到达遵义。

红军占领遵义约半月后，薛岳派郭思演接管贵阳城防，发表郭为贵阳警备副司令。中央军反客为主，我出城进城均受他们盘查，处境异常难堪。当时我的想法是：贵阳已被蒋军占据，我不能立足了；遵义已被红军占领，未见行动，那里的资源比较富裕，倘被红军占领太久，将地方民团的枪支搜尽了，以后想恢复就更不容易。我认为黔北是我的桑梓之地，应该恢复黔北。到不得已时，再向川、滇、黔三省交界处找地盘求生存。我当时对贵州的地盘还有留恋。

　　为了达到上述目的，我编造各种理由向薛岳建议，应以全力即日恢复遵义。我并说："我愿亲率所部，打过江去，成败在所不计。"但薛岳没有同意，说："目前部队少了，不会成功。等四川方面的中央军郝梦龄、上官云相等部出动，南北夹击，才易奏功。"

　　［选自中国人民政治协商会议全国委员会文史资料研究委员会编：《文史资料选辑》第 21 册（总第 60~62 合订本），中国文史出版社 1986 年版］

在余庆防堵红军

万式炯[1]

1934年10月，蒋介石来电说：中央红军先头已到大庾岭，今〔令〕湘、粤、桂、黔四省准备迎击。于是，湘军李觉、桂军廖磊各自班师回省，王家烈也枕戈以待。10月下旬，中央红军先后突破四道封锁线，直指贵州。[2]

1935年1月1日，王家烈应薛岳电邀由贵阳到贵定县马场坪会晤。薛岳花言巧语对王家烈说："今后我帮你补充军实。"并说："你今后要与何应钦取距离，要走陈诚路线。"

随后，薛岳偕第四军军长吴奇伟、〔第〕三十六军军长周浑元到贵阳，传达了蒋介石的任命：龙云为第一路总司令，薛岳为第一路前敌总指挥，[3]下辖：吴奇伟为第一纵队司令；周浑元为第二纵队司令；孙渡为第三〈路〉纵队司令；王家烈为第四纵队司令，犹国材[4]为副司令。

王家烈受命后在乌江北岸做如下布防：令副军长兼教导师师长侯之担（兼川南边防军司令）防守乌江，我第八团归其指挥。侯之担命刘汉吾旅长担任右路指挥，负责自尚稽至茶山关段江防；命易少荃旅长任中路指挥，带欧阳文、周仁溥两团，担任羊岩关至孙家渡段江防；命林秀生旅长为左路指挥，率罗遇春团、机炮营担任江界河至岩门段江防，并与左侧军之我团联系；命我团担任湄潭县境之箐口至红岩段江防；命副师长侯汉佑为前进指挥，带特务营营长党圣微扼守于岩坑和珠藏；命侯之玺旅长带郑廷芳、王一两团，由川南叙、蔺、

---

① 作者当时系国民党第二十五军直属第八团团长。
② 中央红军突破四道封锁线进入贵州应是在12月上旬。
③ 两处"第一路"，均应为"第二路"。
④ 犹国材，应为"犹国才"。下同。

赤水开赴遵义作总预备队；副军长侯之担率教导师直属团（团长侯相儒）设指挥部于遵义城直接指挥作战。

1934 年 12 月 28 日，侯之担接报告：由老黄坪水进之红军，在江界河一带搜索竹木。1935 年 1 月 2 日，江界河岸之红军在火力掩护下开始强渡乌江。渡江工具是当地农民扎成的竹木筏。红军将筏子系于岸上树干、木桩或岩石上，顺次下放江中，使筏子互相靠拢衔接，自然形成一座活动的斜形浮桥。筏上筑有工事，构成人字掩体。但是由于黔军守军火力强大，红军首次强渡没有成功。

当天夜间，红军挑选十余人，冒着严寒急流，在老虎洞悄悄泅水过江，潜伏于罗遇春团防线内岩脚下。

第二天，红军主力在密集的火力掩护下再行强渡。当红军筏子逼进北岸，黔军正在阻击时，突然发现自己阵地的岩脚下埋有伏兵。红军就像神兵天降，冲到黔军阵地上，顿时枪声、手榴弹声响成一片，守兵惊慌失措，纷纷溃逃。红军占领了阵地，接应红军主力登岸。黔军机炮营营长赵宪辉督队拼死反扑，被红军当场击毙。一时黔军兵败如山崩，乱作一团。罗遇春团长指挥失灵，急得在地上打滚，嘶声嚎叫："我不走，我要死在这里！"他的卫兵强行拖他往后逃跑。罗遇春团崩溃，震动了林秀生旅的整个左侧阵地。3 日下午，林秀生旅纷纷溃退（其残部至珠藏为副师长侯汉佑收容），经遵义、鸭溪向长干山退却。

中路易少荃旅惊闻江界河失守，即率欧阳文、刘安贞两团仓皇撤到龙坪、深溪水设防堵击，与红军交战数小时后惨败，伤亡及被俘者甚众。易少荃率残部绕过遵义城，向桐梓退却。在桐梓附近，易少荃既恼且怒，无处发泄，即假借"向红军投降"的罪名，枪毙了一个排长，后狼狈逃跑。其残部交到刘汉吾旅收编，易本人离开部队。

正当另一路红军向左右的马场和茶山关进发，准备由此强渡乌江的时候，扼守茶山关的右路刘汉吾旅被江界河、孙家渡相继惨败的消息吓得失魂落魄，慌忙往桐梓退却，红军不费一枪一弹就夺取茶山关，渡过乌江，占领了尚稽。

在上述两路红军飞渡乌江的同时，第三支红军也向箐口进发，我即命第三营营长刘彬如进入箐口江边阵地；命第一营营长吴子荣死守江边后场及老渡口；命第二营营长李仲春率迫击炮连、重机关枪连作预备队。在临战之前，我曾对所属营、连长说："……我们只有保存实力，尽可能避免牺牲。你们到时候不要硬拼，只要做个打仗的样子，避免蒋介石的耳目就行了。"

12月31日，红军由回龙场强渡乌江。首先向北岸炮击，刘彬如营在江边构筑的工事大部被毁，在强大火力掩护之下，红军从鱼塘子猛攻渡河。待红军将抵北岸之际，我团按预定计划撤退，往凤冈到思南，坐以观变。红军顺利进驻湄潭县城。

红军分三路强渡乌江的战斗全部告捷，乘胜直捣侯之担所驻的黔北重镇遵义。

其时，侯之担见天险江防被破，知大势已去，便留下直属团侯相儒固守遵义城垣，自己以找刘湘给弹药补充为名潜往重庆。

红军在龙坪、深溪水战败易少荃旅，抓获许多战俘。红军换上这些战俘的衣帽，伪装成侯部士兵，于半夜来到遵义城下，由战俘喊开城门，红军一涌而入，不费一枪一弹，轻取遵义。侯相儒团长从梦中惊醒，急忙率队向桐梓逃跑。

1月6日，中央红军占领遵义城。

1月8日，红军进一步击溃退守娄山关的刘汉吾、易少荃残部和新从赤水开来接应的侯之玺旅，一鼓作气追击了四十里。败军拟退据桐梓城，不料已被迂回速进的红军抢先占领。刘汉吾只好从猴子溪、下坝向赤水仓皇撤退。侯之玺旅则沿川黔公路新站，企图与川军刘湘部汇合。然而，红军早从夜郎坝小路迂回到侯军前面，截断了侯军与川境酒店垭川军的联络。正当侯之玺在新站公路两侧山上构筑阵地，准备抵抗红军时，忽然听到后路响起枪声，才惊悉退路已被红军截断，川军不能前来增援，陷入了被红军腹背夹击的困境，侯旅全线崩溃，红军占领了川黔交界的松坎。红军占领遵义后，又派彭德怀部守卫刀把水一带。于是，红军安稳地在遵义驻了十二天，举行了具有历史意义的遵义会议。

（节选自《万式炯回忆录》，载政协贵州省委员会文史资料委员会编：《贵州省政协文史资料存稿选编》第二卷，贵州人民出版社2006年版。本文标题为选入时本书编者所拟）